성품과 삶과 사역으로
우리 부부의 멘토가 되어주신
데이지와 티엘 오스본 목사님께
이 책을 바칩니다.

새로운 피조물

발행일 2018. 3. 16 1판 1쇄 발행
　　　　2023. 12. 12 1판 3쇄 발행
지은이 김진호 · 최순애
발행인 최순애
발행처 믿음의말씀사
2000. 8. 14 등록 제 68호
(우) 16934 경기도 용인시 기흥구 신정로 301번길 59
Tel. 031) 8005-5483   Fax. 031) 8005-5485
http://faithbook.kr

ISBN 89-94901-76-0 03230
값 12,000원

* 본 저작물의 저작권은 '믿음의말씀사'가 소유합니다.
　저작권법에 의해 보호를 받는 저작물이므로 무단 전재와 복제를 금합니다.
* 이 책에 인용된 성경 구절은 대한성서공회 개역개정판을 사용하였으며,
　예외의 경우에는 따로 표기하였습니다.

새로운 피조물
NEW CREATION

김진호 · 최순애 지음

믿음의말씀사

| 목차 |

소개의 글 _ 7

하나님의 사랑의 계획 _ 13

제1과 복음이란 무엇인가 _ 43

사람은 하나님의 형상대로 창조되었습니다 _ 46

아담은 죄를 지음으로 죽었습니다 _ 49

하나님은 우리에게 영생을 주시려고 예수님을 보내주셨습니다 _ 52

예수님의 [죽음-장사됨-부활-승천]을 통해서 하신 일 _ 55

당신은 하나님의 자녀로 다시 태어날 수 있습니다 _ 61

그리스도와 동일시 _ 65

제2과 그리스도인은 누구인가 _ 73

나는 새로운 피조물이 되었습니다 _ 82

나는 영생을 가지고 있습니다 _ 87

나는 하나님의 의가 되었습니다 _ 92

나는 하나님의 상속자입니다 _ 108

나는 하나님의 자녀의 권세를 가졌습니다 _ 111

나는 사탄을 이겼습니다 _ 116

나는 신성한 건강을 누리며 병을 고칠 수 있습니다 _ 123

나는 모든 것을 탁월하게 할 수 있는 지혜가 있습니다 _ 133

나는 생명 안에서 왕 노릇 할 수 있습니다 _ 142

제3과 **그리스도인은 어떻게 사는가** _ 157

성령을 받으십시오 _ 157

성령으로 기도하십시오 _ 162

진리의 말씀으로 생각을 바꾸십시오 _ 172

말씀으로 상황을 바꾸고 자신의 인생을 창조하십시오 _ 187

위에서 부르신 부름의 상을 위해 달려가십시오 _ 192

소개의 글

　부모가 자녀를 낳아서 양육하듯, 한 사람의 영혼을 구원한 사람은 구원받은 사람의 몸과 마음이 온전하게 성장하도록 돌봐 줄 책임도 있습니다. 부모는 어린아이가 자라서 성년이 되어 결혼하고 독립할 때까지, 최소한 20여 년간 자녀를 양육하고 가르칩니다.

　갓 태어난 아기에게 엄마 젖을 먹여야 하듯이, 구원받은 성도에게 전도한 사람이 가르쳐야 할 초유와 같은 귀한 말씀들이 있습니다. 아기는 젖만 필요한 것이 아니라 예쁘다고 말해주고 안아주고 만져주는 사랑의 표현도 필요합니다. 춥거나 덥지 않게 놀라지 않게 잘 보호해 주어야 합니다. 자녀에 대한 부모의 사랑과 같이, 그리스도인은 거듭난 성도에게 말씀을 가르치며 온전한 사랑을 베풀어야 합니다.

　꾸준히 예배에 참석하는 사람이라도 그 사람이 구원받았는지 누군가 반드시 확인해야 합니다. 구원받지 못한 사람은 복음을 전해서 영접 기도를 할 수 있도록 하고, 구원받았지만 확신이 없거나,

교회만 다닌 사람은 다시 복음을 정확히 듣고 영접하여 스스로 성경적인 확신을 가질 수 있도록 도와주어야 합니다. 성경대로 구원의 확신을 가진 사람이면 영적으로 자랄 수 있도록 말씀을 가르쳐야 합니다. 자신이 낳은 아이를 다른 사람에게 맡겨 기르지 않듯이 전도한 사람은 거듭난 성도에게 기본적이고 중요한 것을 가르쳐야 합니다.

이 책은 거듭난 그리스도인의 삶에 가르칠 세 가지 기본을 소개하고 있습니다. 복음을 더 효과적으로 가르칠 수 있도록 도움을 주고, 이 복음을 들어보지 못한 새신자나 복음을 잘 모르고 예배만 참석하던 사람들에게 꼭 가르쳐야 할 내용을 다루었습니다.

간단한 그림을 사용하여 '새로운 피조물'이 되는 것의 중요성을 한눈에 인식할 수 있도록 했습니다. 구원받지 못한 사람은 영적으로 죽은 자이기에 검은색으로 표시하고, 이 복음을 듣고 믿음으로 구원받은 사람은 노란색으로 표시하였습니다. 새로운 피조물, 즉 하나님의 자녀로 다시 태어나, 영생 즉 하나님의 생명을 소유하고 있는 사람이란 뜻을 노란 사람으로 표시해 어린아이들도 구원받은 사람과 구원받지 못한 사람을 구별할 수 있도록 하였습니다.

모든 운동에는 기초 체력이 중요하기 때문에 모든 선수는 기초 체력을 단련합니다. 그러므로 성장기의 아이들은 다양한 운동을 통하여 기초 체력이 튼튼한 사람으로 자라도록 합니다. 이처럼 그리스도인이 성장하고 성숙하여 다른 사람을 섬기는 자가 되도록 하는 데 기초 체력과 같은 것이 복음입니다.

복음을 듣고 영접 기도를 함으로써 예수를 주와 그리스도로 모신 사람은 성경 말씀에 근거한 구원의 확신을 갖도록 해주어야 합니다. 성령을 받고 방언을 말할 수 있도록 가르쳐 주어야 합니다. 성령을 받고 방언으로 기도하게 함으로 말미암아 그 영이 활성화 되게 해야 합니다. 영적으로 죽었던 사람이 하나님의 생명을 받음으로써 영적으로 산 사람이 되었습니다. 예수님은 거듭나라고 하셨을 뿐만 아니라 성령을 받으라고 말씀하셨습니다. 우리는 거듭난 그리스도인이 성령을 받고 새 방언으로 말할 수 있도록 도와줘야 합니다.

영생을 받은 것과 성령을 받은 것이 확인되었으면 복음의 기본적인 하나님 말씀들을 기초부터 하나하나 잘 가르쳐야 합니다. 그리스도인의 기본을 잘 갖추게 되면, 영적 어린아이 단계에 있던 이 아이는 우유를 잘 먹음으로 그 다음 이유식 단계로 갈 수 있습니다. 네다섯 살이 되어 엄마 아빠와 함께 밥을 먹게 되면 잘 성장할 수 있듯이 거듭난 그리스도인도 스스로 말씀을 읽고 말씀으로 기도하는 법을 배움으로써 스스로 영적 양식을 먹을 수 있도록 해야 합니다.

성경 말씀을 공부하고 기도하고 고백함으로 하나님이 나를 얼마나 사랑하는지 알고 새로운 힘을 가지고 하루를 시작할 수 있습니다. 하늘에서 비가 많이 내려도 각자 가진 그릇의 크기만큼 물을 받을 수 있듯이, 이 말씀을 이해하고 내 것으로 만들어 말씀이 그대로 자기 삶에 실재가 되도록 하는 것은 사람마다 큰 차이가 날 수밖에 없습니다.

차이를 만드는 것은 말씀을 이해하는 능력이 다르기 때문입니다. 말씀을 이해하고 믿으며, 믿는 대로 말하고 행동하는 그런 믿음이 실력입니다. 하나님의 말씀은 지식이나 정보로 끝나지 않습니다. 말씀을 들음으로 믿음이 생기고, 믿음이 있으면 말씀대로 말하고 행동할 수 있습니다.

대부분의 성도는 일주일에 한 번 주일 예배에 참석하며, 스스로 성경을 읽지 않고, 또 읽어도 어려우니까 흥미를 잃고 주일날 들은 설교가 전부인 경우가 많습니다. 주일에 교회는 가야 한다고 하니까 예배에 참석해 말씀은 듣지만 일주일에 한 번 들은 그 말씀은 자기 수준으로만 알아듣지 특별한 계시도 일어나지 않습니다. 이렇게 주일날 예배 참석하고 설교 한 번 듣는 수준으로 신앙생활을 하다 보면 오래 다녀도 영적으로 전혀 성장하지 못하는 어린아이로 남아 있게 됩니다.

세상의 모든 좋은 것과 마찬가지로 결국 각 사람은 스스로 경험하여 맛을 봐야 좋아하게 됩니다. 맛이 있으면 좋아하게 되니 계속 먹게 됩니다. 영적 원리도 같습니다. 하나님 말씀이 얼마나 맛있고 좋은지 그 맛을 알게 하는 것이 여기서 다루는 기본적인 말씀입니다. 복음의 안경을 쓰고 읽으면 성경 읽기는 우리 영혼에 최고의 양식이 됩니다.

정확하게 복음을 알고 성경을 읽으면 성경은 생각보다 어렵지 않습니다. 그리고 성령을 받으면 성령께서 하나님의 말씀을 깨닫게 해주기 때문에 성경 읽는 기쁨을 차츰 알게 됩니다. 그러므로 이 기본을 잘 배운 후에는 누구든지 스스로 성경을 읽고, 매일 스스로 영의 밥을 지어 먹을 수 있도록 훈련하면 평생 그 유익을 누리는 잔이 넘치는 삶을 살게 될 것입니다.

끝으로 이 책은 사도 바울이 전하는 새로운 피조물의 계시를 아직 잘 모르는 그리스도인들과 처음 믿는 사람들을 대상으로 우리 부부가 함께 집중적으로 가르쳤던 내용입니다. 처음 믿는 성도에게 일대일 양육이나 교회에 처음 나온 새 가족들에게 가르치는 "새 가족반" 과정의 교재로 활용하면 좋을 것입니다.

하나님의 사랑의 계획

여기 네 개의 큰 그림[1]으로 복음을 설명하였습니다. 복음이란 기쁜 소식입니다. 우리가 접하는 뉴스에는 기쁜 소식이 별로 없습니다. 마가복음 1장 1절에 보면 하나님의 아들 예수 그리스도는 복음의 시작이라고 했습니다. 예수 그리스도가 복음이라고 했습니다. 우리는 모두 이 기쁜 소식을 듣고 구원받았습니다.

---

1) 라도나 오스본, 「하나님의 큰 그림」, 믿음의 말씀사, 2008
  E. W. 케년, 「하나님 아버지와 그분의 가족」, 믿음의 말씀사, 2012

나쁜 소식이란 무엇입니까? 너희는 죄인이라고 정죄하는 것은 나쁜 소식입니다. 네가 주일을 안 지켰으니까 교통사고가 났다고 정죄하는 말도 나쁜 소식입니다. 우리가 교회를 통해서 들은 '하라' 혹은 '하지 말라' 중 한두 가지를 어겼을 경우, 이것 때문에 "하나님께서 사고를 나게 하셨다", "질병으로 치셨다"라고 하는 것들도 모두 나쁜 소식입니다. 이렇게 우리는 예수 그리스도께서 말씀하신 기쁜 소식이 아닌 나쁜 소식을 듣는 경우가 매우 많습니다.

"이 세상에 구원받지 못한 모든 인간은 죄인이다" 이것은 진리이지만 기쁜 소식은 아닙니다. 기쁜 소식은 "너희가 죄인으로 태어나서 죄로 말미암아 저주를 받아 마땅하지만, 예수 그리스도를 믿음으로 말미암아 더 이상 죄인으로 저주받지 않고 살 수 있다" 이것이 기쁜 소식입니다.

성경은 이렇게 말씀합니다. 이 세상에서 아무리 원하는 것을 얻고 모든 것을 누리고 산다고 해도 좋은 인생은 아닙니다. 히브리서 2장 15절에 인간은 죽음이 두려워서 평생 마귀에게 종노릇한다고 했습니다. 죽음이 두려운 사람의 인생은 평생 마귀의 종노릇밖에 할 수 없다는 말입니다. 죽음이 두렵지 않다는 사람들은 "나는 죽음을 두려워하지 않아, 나는 오래 살거야"라고 말합니다. 지금은 그들이 두려워하지 않는다고 하지만, 자신이 중병에 걸렸거나 부모, 가족이 곧 죽는 상황을 만나면 대부분 죽음을 두려워합니다.

죄로 말미암아 영적으로 이미 죽었고, 죗값으로 죽어서 지옥에 갈 운명을 가진 인간에게는 이 죽음의 두려움으로부터 우리를 구원해 낼 수 있는 답을 주어야 기쁜 소식입니다. 이런 죽음의 두려움으로부터 영원히 구원해 줄 수 있는 분이 누가 있을까요?

우리에게 죽지 않고 살 수 있는 영원한 생명을 주셔야 합니다. 영원한 생명을 지금 받을 뿐만 아니라 우리가 이 세상을 떠나도 우리의 영혼이 지옥에 가지 않고 영생을 누릴 수 있어야 합니다. 죽음을 이기고 다시 살아나신, 부활하신 유일하신 분이 계십니다. 그분이 누굽니까? 예수 그리스도! 이것이 기쁜 소식입니다. 그래서 마가는 "예수 그리스도는 복음의 시작이라"고 자신의 복음서를 기록하기 시작했습니다. 죄로 말미암아 죽을 수밖에 없는 인생에 이 죽음을 극복하고 영원히 살 수 있는 영생을 선물로 준다는 것보다 더 기쁜 소식은 없습니다.

하나님의 창조

**하나님은 자기의 형상대로 사람을 만드셨다
하나님은 선하시며, 하시는 일과
하나님이 만드신 모든 피조물도 선하다**

하나님이 자기 형상
곧 하나님의 형상대로
사람을 창조하시되
남자와 여자를 창조하시고
(창 1:27)

첫 번째 기쁜 소식은 '하나님'이 계시는데 그분은 좋은 분이라는 것입니다. "하나님은 선하시다!" 하나님이 나쁘다고 이야기하는 것은 진리도 아니고 기쁜 소식도 아닙니다. 하나님이 나쁘다고 하는 것은 거짓말입니다. 어린아이에게 좋아하는 아이스크림을 못 먹게 하면 아이는 "엄마 나빠!"라고 말합니다. 아이는 자기 욕구가 충족되지 않아 엄마를 나쁘다고 말하지만, 아이가 밥을 잘 먹도록 아이스크림을 금지하는 것은 좋은 엄마입니다. 우리가 보기에 하나님이 좀 나쁜 것 같기도 하고, 무섭기도 해서, 어린아이처럼 생각할 수도 있겠지만 하나님은 절대로 나쁜 분이 아닙니다.

첫 번째 그림은 좋은 하나님께서 사람을 창조하셨다는 것입니다. 세상을 만드신 창조주 하나님은 선하십니다. '좋으신 하나님!' 'God is so good!'이라고 우리는 찬양합니다! 창세기 1장 31절에는 하나님께서 이 모든 것들을 창조하신 다음에 "보시기에 심히 좋았더라"고 했습니다. 엿새 동안 모든 피조물을 다 만드시고 맨 마지막 날에 아담과 하와를 만드셨습니다.

사람으로 태어나서 우리가 이 땅에 사는 것이 좋은 것입니까? 나쁜 것입니까? 석가모니는 사람이 태어나서 늙어가며 병들고 죽는 것, 즉 생로병사가 고통이라고 말했습니다. 그래서 인생을 고통의 바다, 즉 고해라고 했습니다. 그러나 성경은 다르게 말합니다. 하나님은 좋으시기 때문에 하나님이 만드신 자연도 좋은 것이며, 자기와 똑같은 형상을 따라 만든 사람이야말로 모든 좋은 것의 최고라고 선언하고 있습니다.

성경에는 하나님이 선하시다는 표현이 너무도 많습니다. 시편에는 "여호와께 감사하라 그 인자하심이 영원함이로다"는 말씀이 수없이 반복됩니다(시 136). 하나님은 좋으실 뿐만 아니라 인자하시며 그 사랑은 영원하십니다. 선하신 하나님을 나쁘다고 하는 말은 당연히 거짓말입니다. 어린아이가 엄마의 뜻을 잘 모르니까 나쁘다고 하는 것처럼, 지식이 부족하거나 고의로 하나님을 대적하려고 거짓말을 하는 것입니다.

> 내 사랑하는 형제들아 속지 말라 온갖 좋은 은사와 온전한 선물이 다 위로부터 빛들의 아버지께로부터 내려오나니 그는 변함도 없으시고 회전하는 그림자도 없으시니라 (약 1:16-17)

하나님은 선하시다고 했는데 하나님이 선하지 않다고 하는 말에 속지 말라는 말입니다. 하나님은 사랑이시며, 하나님은 모든 사람을 사랑하십니다. 하나님이 나를 사랑하시지 않는다는 생각이 들 때 이것은 마귀의 거짓말에 속는 감정입니다. 속지 말아야 합니다. 기도 응답이 늦거나, '왜 나에게 이런 어려운 일이 일어났을까' 라는 의문이 들면서 하나님이 선하시지 않다는 생각이 들면 이 마귀의 거짓말을 거절하십시오. 왜 그런 건지 지금 상황을 다 이해할 수 없지만, 그분은 선하시기 때문에 그분이 하시는 일은 선하다는 진리를 믿는 믿음에 흔들림이 없어야 합니다. 하나님이 선하시기 때문에 하나님이 하신 모든 일도 선하신 일입니다. 자기 스스로 훌륭하다고 하는데 하는 행동을 보면 훌륭하지 않은 사람이 있습니다. 하나님은 선하신데 하나님이 하시는 일은 선하지 않다는 것은 거짓입니다. 우리는 하나님의 절대 선하심을 믿습니다.

하나님은 선하신 분이므로 우리에게 모든 좋은 선물을 주십니다. 하나님이 주시는 것은 그냥 좋은 것이 아니라 온전하고 완전한 선물입니다. 제가 하나님으로부터 받은 가장 좋은 선물 중 하나는 제 아내입니다. 물론 제 아내도 완전한 사람은 아닙니다. 그렇지만 하나님께서 나의 배필로 주신 사람이라는 것을 믿기 때문에 그녀는 제 아내로서는 완전한 선물입니다. 저도 제 아내에게 그런 남편이라고 믿고 그런 사람으로 자신을 바라보며 노력합니다.

첫 번째 그림은 확실합니다. 좋으신 하나님은 변함이 없고 완전한 상태로 계십니다. 사람은 좋은 면이 있으면 단점도 있습니다. 앞모습이 있지만 뒷모습도 있습니다. 그런데 하나님은 그림자도 없다고 했습니다. 어둠이 조금도 없다는 것입니다. 완전한 빛이라는 것입니다. 하나님은 좋으시고, 하나님은 선하십니다. 그러므로 하나님이 만드신 모든 것도 선합니다.

이렇게 성경이 말하고 있고, 예수 그리스도께서 보여주신 하나님의 선하신 성품에 반대되는 어떤 말이나 이론도 모두 진리가 아닙니다. 마귀의 거짓말이거나 사람들의 낮은 지식에 근거한 이론이요, 주장일뿐입니다.

마귀의 속임수

마귀는 사람을 죽이려고 거짓말을 한다
마귀는 악하며 모든 악은 마귀로부터 나온다

그러므로 한 사람으로 말미암아 죄가 세상에 들어오고 죄로 말미암아 사망이 들어왔나니 이와 같이 모든 사람이 죄를 지었으므로 사망이 모든 사람에게 이르렀느니라 (롬 5:12)

너희는 너희 아비 마귀에게서 났으니 너희 아비의 욕심대로 너희도 행하고자 하느니라 그는 처음부터 살인한 자요 진리가 그 속에 없으므로 진리에 서지 못하고 거짓을 말할 때마다 제 것으로 말하나니 이는 그가 거짓말쟁이요 거짓의 아비가 되었음이라 (요 8:44)

하와는 마귀의 거짓말에 속았으며 아담은 아내의 말을 따라 스스로 하나님의 말씀을 지키지 않았습니다. 마귀의 거짓말이 무엇이었습니까? 하나님이 하신 말씀을 의심하게 한 것입니다. 하나님은 진리이신데 하나님의 진리의 말씀을 의심하게 했습니다.

하나님의 절대 선하심과 자신을 향한 하나님의 선한 의도를 의심하게 했습니다. 하나님의 선하심을 의심하게 하는 것이 마귀의 거짓말이었습니다.

하나님은 먹으면 '반드시 죽는다'고 하셨는데, 마귀는 먹어도 죽지 않는다고 거짓말을 하였습니다. 마귀가 거짓말하는 목적은 하나였습니다. 아담과 하와가 하나님을 거역하는 죄를 짓도록 하는 것이었습니다. 하나님의 말씀을 거역하는 죄를 지어서 죄의 값으로 죽게 하는 것이 마귀의 목적이었습니다. 아담과 하와가 선악과를 먹음으로써 그들의 몸이 병들거나 독이 퍼져서 죽은 것이 아닙니다. 선악과를 먹은 뒤에도 그들의 몸은 살아 있었습니다. 그들은 영적으로 죽어서 하나님과 함께 살던 에덴동산에서 쫓겨나게 됐습니다. 영적으로 죽은 상태를 이 그림에서는 까만색으로 표시했습니다.

'하나님의 창조'의 그림을 보면 아담과 하와 두 사람이 노란색으로 표현되어 있습니다. 그러나 '마귀의 속임수' 그림에서는 죄를 지음으로 말미암아 영적으로 죽은 자들이 영적으로 죽은 자녀들을 낳는 모습을 까만색으로 표시했습니다. 아담과 하와 이후에 태어난 이 세상 모든 사람은 영적으로 죽은 자들입니다. 선악과를 먹으면 너도 하나님처럼 지혜로워질 것이라는 마귀의 이야기를 듣고, 선악과를 쳐다보니까 보암직도 하고 먹음직도 하다고 했습니다. 하나님 말씀과 달리 우리 눈에 정말로 좋아 보이고, 아름다워 보이는 것들은 모두 마귀가 우리를 하나님 말씀을 거역하도록 하는 유혹의 도구가 될 수 있습니다.

사람들이 즐겨 보는 영화 속의 아름다운 사랑, 연애 이야기를 생각해 봅시다. 명작 소설이나 영화 혹은 드라마에 나오는 로맨스는 얼마나 아름다워 보입니까! 그러나 하나님의 법에 어긋나는 사랑, 성관계, 결혼이나 삼각관계를 통해 나중에 어떤 값을 치르게 되는지는 관심을 가지지 않습니다. 청춘남녀가 사랑에 빠져서 결혼하기 전 성관계를 통해 서로 간의 사랑을 표현하는 장면들을 예술적으로 아름답게 묘사합니다.

그러나 삶의 현실에서는 혼전 임신과 낙태, 그 후에 남자는 마음이 변하고, 아이를 영아원에 버리거나, 미혼모가 되어 엄마 혼자 양육해야 하는 상황까지 가게 됩니다. 이러한 '싱글맘'의 경제적 어려움은 영화나 드라마에서 잘 다루지 않습니다. 미디어는 오직 자신들에게 경제적 이익이 되는 시청률에 관심이 있을 뿐이지 순결한 사랑이나 성결한 삶에는 관심이 없습니다. 혼전 성관계를 죄라고 하는 하나님 말씀을 범하도록 아름다운 로맨스로 포장하여 교육하는 것입니다. 소설이나 영화에서 하나님 말씀에 어긋나는 것을 아름답게 보이도록 하여, 실제로 하나님 앞에 죄를 짓도록 부추겨 죄의 값인 사망이 그들의 삶을 다스리게 합니다. 이렇게 이 세대의 악한 가치관과 세계관을 문화적으로 수용하는 기독교인들은 낙태를 살인 행위가 아니라 여성의 선택의 자유라고 생각하며 아무 거리낌 없이 낙태합니다.

성경은 인간이 죄를 심고 거두는 죽음의 비극을 감추지 않고 기록하고 있습니다. 구약성경이 두꺼운 이유는 인간이 어떻게 하나님을 떠나고, 어떻게 하나님의 말씀을 어기며 살았는지에 대한 내용이 많이 기록되어 있기 때문입니다. 인간을 사랑하시고 구원하시려는 하나님의 열망뿐만 아니라 이스라엘 한 나라가 우상을 숭배하고 죄를 지을 때 그들이 심판받지 않도록 선지자들을 보내시어 회개를 촉구하다 보니 구약성경이 두꺼워진 것입니다.

죄의 값은 사망이고 심판을 받아야 하는데 회개하라고 선지자들을 보낸 것입니다. 회개하면 심판을 면한다는 것은 기쁜 소식입니다. 그러나 사람들이 회개하지 않고 계속 교만 가운데 빠져드는 것은 바로 마귀에게 속는 것입니다. 성경이 말하고 있는 진리 바깥에 있는 모든 것은 인간의 이론과 마귀의 거짓말이 섞여 있는 것입니다.

예수 그리스도의 속량

예수님은 죗값을 주고 사람들을 되사셨습니다
그리스도께서 사람들을 구원하셨습니다

하나님이 죄를 알지도 못하신 이를 우리를 대신하여 죄로 삼으신 것은 우리로 하여금 그 안에서 하나님의 의가 되게 하려 하심이라 (고후 5:21)

사단에게 속아 죄를 짓고, 죄의 값으로 죽게 되었을 뿐만 아니라, 육신이 죽은 뒤에도 영원한 죽음인 지옥에 갈 운명인 사람들을 구원하시기 위해서 예수 그리스도께서 오셨습니다.

우리는 하나님의 선하심을 알았습니다. 악한 마귀가 사람들을 속인 것도 알았습니다. 아담과 하와는 자녀를 낳기 전에 죄를 지음으로써 영적으로 죽은 자가 되었고, 그들은 자신과 같이 영적으로 죽은 자들을 자녀로 낳았습니다. 우리는 모두 영적으로 죽은 아담과 하와의 후손입니다. 우리는 죄인인 부모로부터 죄인의 본성을 가지고 태어났기 때문에 죄를 짓고 사는 것입니다.

죄의 값은 사망이라고 말씀하셨습니다. 이 죄인의 문제를 해결하려면 죄 없는 분이 오셔서 대신 값을 지불해야 합니다. 하나님께서 죄인들을 살리고 영생을 선물로 주시려고 예수님을 선물로 보내셨습니다. 죄인이 아니라 의인을 보내셨습니다. 아담과 하와의 후손이 아니라 하나님의 아들을 보내셨습니다. 육신의 아버지를 통해서 낳은 것이 아니라, 성령으로 말미암아 잉태하게 된 마리아를 통해 예수님을 보내셨습니다.

성경이 기록된 시대에는 빚을 지고 갚지 못하면 채주의 종이 되어야 했습니다. 그러나 다른 사람이 빚을 갚아 주면 종에서 풀려나 자유인이 되었습니다. 이 돈은 사실상 그 사람의 몸값이므로 "속전ransom"이라고 했습니다. 우리를 대신하여 죄로 삼으시기 위해 하나님은 그 아들 예수님을 죄인의 모습으로 이 땅에 보내셨습니다.

예수님이 오셔서 우리를 대신하여 죗값을 치르심으로 마귀의 참소와 하나님의 법을 범한 정죄로부터 죄인 된 우리를 자유롭게 하셨습니다. 이를 가리켜 예수의 피로 값을 주고 되사셨다고 해서 "속량redemption"2)이라고 합니다. 또 우리를 대신하셨다고 해서 "대속substitution"이라고도 합니다. 내가 죽어야 하고 내가 값을 지불해야 되는데 예수님이 오셔서 값을 대신 지불하셨습니다. 이렇게 죄의 문제가 해결되므로 과거의 죄를 용서받고서 "용서받은 죄인"으로 머물지 않고, 우리에게 하나님의 생명과 본성을 넣어 주심으로써 새로운 피조물로 우리의 영을 재창조하셨습니다.

예수님이 모든 죄인을 위하여 대신 값을 지불하셨습니다. 이것도 기쁜 소식인데, 이제는 누구든지 기쁜 소식을 듣고 믿으면 구원을 받아 새로운 피조물로 거듭날 수 있게 된 것입니다. 이것이 네 번째 그림입니다. 가장 기쁘고 좋은 소식입니다.

---

2) E. W. 케년, 「십자가에서 보좌까지 무슨 일이 일어났는가」, 믿음의 말씀사, 2011
　E. W. 케년, 「속량의 관점에서 본 성경」, 믿음의 말씀사, 2014

새로운 피조물

우리는 거듭날 수 있습니다
사람들은 예수 그리스도를 믿음으로
하나님의 자녀가 될 수 있습니다

그런즉 누구든지 그리스도 안에 있으면 새로운 피조물이라 이전 것은 지나갔으니 보라 새것이 되었도다 (고후 5:17)

여기 죄인이 거듭나서 그리스도 안에 있으면 새로운 피조물이 되었다고 말씀하고 있습니다. 새로운 사람이라 하지 않고 새로운 피조물이라 했습니다. 다시 만들었다는 뜻입니다. 요한복음에서 주님은 거듭나다 즉 다시 태어난다고 말씀하셨습니다. "예수께서 대답하여 이르시되 진실로 진실로 네게 이르노니 사람이 거듭나지 아니하면 하나님의 나라를 볼 수 없느니라"(요 3:3). 물론 여기서 다시 태어나는 것, 거듭나는 것, 새로운 피조물이 되는 것은 죄인의 죽었던 영을 언급하는 것입니다. "육에서 난 것은 육이요, 영에서 난 것은 영이니라"(요 3:6)고 예수님은 말씀하셨습니다.

첫 번째 태어날 때는 부모님을 통해 아담과 하와의 후손으로 태어났지만, 하나님은 우리를 그리스도 안에서 다시 낳으셨다고 하셨습니다. 이제 죄인들도 거듭날 수 있게 되었습니다. 거듭남으로써 그리스도 안에 있는 자가 됩니다. 그리스도 안에 있는 것이 무엇인지는 앞으로 공부하게 될 것입니다. 우리는 거듭남으로 말미암아 그리스도 안에 있게 되었고, 이제는 새로운 피조물이 되었습니다. 이전 것은 지나갔다고 했습니다. 우리는 이 세상에서는 남자로, 여자로, 부잣집에서, 가난한 집에서, 시골에서, 도시에서 다양하게 태어날 수 있습니다. 육신적으로는 부모도 다르고, 가정환경도 다르고, 교육환경도 다릅니다.

그러나 그리스도 안에서 거듭난 새로운 피조물은 똑같은 하나님 아버지를 모시고 있습니다. 예수님의 피로 똑같은 값을 지불하셨습니다. 똑같은 그리스도의 몸이 되었습니다. 예수를 죽은 자 가운데서 살리신 똑같은 성령을 받았습니다. 그리스도 안에서 우리는 완전히 새로운 피조물이 되었습니다. "보라 새것이 되었도다"(고후 5:17).

그러므로 그리스도인은 이제 자신을 거울에 있는 겉 사람의 모습만 보는 것이 아니라 예수 그리스도 안에서 성경은 나를 어떤 사람이라고 말하는지 '그리스도 안에 있는 새로운 피조물이 된 자신'을 보라는 말입니다. 보라 새것이 되었도다. 신약성경은 우리가 그리스도 안에서 어떤 사람인지 보여주고 있습니다. 그리스도인으로서 어떻게 살 수 있는지도 보여주고 있습니다.

이전에 우리는 예수님에 대한 말씀을 들으면 '아, 그분은 예수님이시니까'라고 생각했습니다. 물론 유일하신 하나님의 아들이시며 성도들의 구원자요 주님이십니다. 하나님은 그리스도에게 있던 그 하나님의 생명과 예수님을 죽은 자 가운데서 살리신 영을 우리에게 보내주셨습니다. 우리의 거듭난 영은 하나님의 생명을 받고, 우리의 몸은 하나님의 영이 사는 그리스도의 몸이 되었습니다. 2000년 전, 예수님이 갈릴리에 사셨을 때는 하나님을 보고 싶으면 예수님을 만나면 됐습니다. 예수님은 나를 본 자는 아버지 하나님을 보았다고 말씀하셨습니다. 믿음으로 예수님의 옷자락만 잡아도 병이 나았습니다. 하나님의 말씀을 듣고 싶으면 예수님이 하시는 말씀을 들으면 되었습니다. 하나님의 뜻을 알고 싶으면 예수님께 물어보면 되었습니다.

이제는 사람들이 하나님을 보려면 누구를 만나야 하겠습니까? 지금 그리스도는 어디 있습니까? 그리스도는 그리스도인 안에 있습니다. 그리스도인을 만난 사람은 하나님을 만날 수 있습니다. 우리가 그리스도의 몸이 되었으니까요. 그래서 믿는 사람이 내 이름으로 손을 얹으면 낫는다고 말씀하셨습니다. 예수님께서 이 땅에 사셨을 때에는 병을 치료하기 위해서 예수님께서 친히 병든 자에게 손을 얹거나, 병자들이 예수님의 몸을 만짐으로써 치유받았습니다. 그러나 이제는 믿는 자들이 손을 얹으면 낫게 될 것이라고 약속하셨습니다.

"보라, 새것이 되었도다!" 그리스도인이 된다는 것이 어떤 것인지를 정확하게 알아야 합니다. 그리스도 안에 있는 나는 어떤 존재인지 성경이 말하는 그대로 알고 보아야 합니다. 그리스도인에게 어떤 권세가 있고 무엇을 소유할 수 있는지를 배워야 합니다. 이것을 보고, 알고, 믿고, 믿음대로 행동할 때, 우리는 사도행전에서 볼 수 있는 성도들과 같은 수준의 삶을 살 수 있습니다. 사도 바울이 살았던 그런 삶을 살 수 있을 뿐 아니라, 예수 그리스도께서 사셨던 것과 같이 "나를 믿는 자는 내가 하는 일을 할 뿐 아니라 이보다 더한 일도 하리라"는 말을 믿고 그대로 살 수 있습니다.

복음의 기본이 되는 네 가지를 간단하게 정리해 보겠습니다.

첫 번째 진리가 무엇입니까? "하나님은 선하시다" 그리고 하나님이 창조하신 모든 것도 선하다. 창조주 하나님을 기억하십시오. 하나님은 영이시고, 하나님은 사랑이시고, 하나님은 빛이십니다. 뿐만 아니라 하나님은 선하십니다. 선하신 하나님은 우리에게 좋은 것을 주시는 분이십니다. 하나님이 주시는 모든 선물은 완전한 것입니다. 선하신 하나님이 세상을 사랑하셔서 예수 그리스도를 우리에게 선물로 주셨습니다. 그래서 예수님은 선하시고 완전하신 선물입니다. 이것이 첫 번째 그림입니다.

두 번째 그림은 좋은 소식은 아니지만 진리를 가르쳐 줍니다.

마귀는 거짓말쟁이입니다. 위조지폐를 구별하는 전문가는 위조지폐를 연구하지 않고 진짜 지폐의 특징을 정확히 알고 있습니다. 복음을 알기 위해 수많은 이단을 연구할 필요가 없습니다. 다른 종교들을 연구할 필요도 없습니다. 다른 책에서 뭐라고 이야기하는지 읽을 필요도 없습니다. 우리는 진리의 말씀만 잘 알고 있으면 됩니다. 99%는 똑같은데 마지막 1%가 틀리다면 이것은 거짓말입니다. 자기 유익을 구하는 숨은 동기가 있으면 하나님의 사랑이 아니므로 피해야 합니다.

마귀는 하나님의 선하심과 진실하심과 신실하심을 의심하게 합니다. 하나님께서 아담과 하와에게 선악과를 먹으면 반드시 죽는다고 하셨는데, 마귀는 죽지 않는다고 했습니다. 마귀의 거짓말로 말미암아 아담과 하와가 죄를 짓게 되었습니다. 죄의 값으로 사망이 들어왔습니다. 마귀의 거짓말을 분별하려면 진리를 알아야 합니다. 진리를 알고 있으면 마귀의 거짓말을 두려워할 이유가 없습니다. 빛을 가지고 있으면 어둠을 두려워할 필요가 없습니다. 빛이 없으면 조심해야 합니다. 아무것도 보이지 않으므로 쉽게 넘어지게 됩니다. 어둠은 물러가라고 한다고 사라지지 않습니다. 두려워하거나 존중해 준다고 해서 어둠이 물러가지 않습니다. 어둠은 빛이 오면 그냥 사라져 버립니다. 진리로 거짓을 거절해야 합니다.

우리는 진리를 앎으로 사단의 모든 거짓말을 분별할 수 있습니다. 예수님은 내가 곧 길이요 진리요 생명이라고 하셨습니다.

예수님을 알면 우리는 마귀의 거짓말을 두려워할 필요가 없습니다. 다른 책들을 읽어도 철저하게 분별할 수 있습니다. 성경을 읽어도 마찬가지입니다. 성경도 새 언약의 비밀을 알지 못하고 율법적으로 읽으면 복음의 비밀을 깨우칠 수 없습니다. 중요한 것은 예수 그리스도가 진리라는 것을 가르침으로 말미암아 마귀의 거짓말을 분별할 수 있도록 하는 것입니다.

세 번째 그림은 죄 없는 예수 그리스도께서 오셔서 죄와 사망의 문제를 영원히 해결하셨다는 것입니다. 예수님이 우리를 위하여 대신하여 값을 지불하셨다는 것입니다. 예수님이 죄인들을 대신하여 죗값을 치르셨기 때문에, 즉 대속하셨기 때문에 더 이상 우리는 같은 값을 지불할 필요가 없다는 것입니다. 이제 우리는 자신의 출생이나 과거를 부끄러워하거나 성장 환경을 탓하며 살 필요가 없습니다. 이전 것은 더 이상 나와 관계가 없고 새로운 피조물이 되었습니다. 우리는 그리스도 안에서 새로운 피조물입니다. 그러므로 우리는 성경이 내가 누구라고 말하는지 그것만 믿을 것입니다. 성경이 그리스도 안에서 내가 무엇을 가지고 있다고 하는지 그것을 내 것으로 주장하며 사용할 것입니다. 성경이 그리스도 안에서 내가 무엇을 할 수 있다고 말하는지 그것을 믿고 그렇게 살 것입니다.

마지막 그림은 새로운 피조물입니다. 성경을 창세기부터 쭉 읽으면 어디를 읽든지 이 네 가지 색깔 중에 하나로 구별할 수 있습니다. 구약성경에는 이런 그림자들이 나와 있습니다. 네 복음서의 예수님은 바로 그 실제를 정확하게 보여주고 있습니다. 그리스도 안에서 이 비밀을 깨닫고 알았던 사도들의 계시와 삶이 신약성경의 사도들의 편지에 잘 나타나 있습니다. 이 네 개의 그림이 표현하고 있는 진리는 이제부터 배울 모든 말씀의 튼튼한 기초가 될 것입니다.

어린이들이 사용하는 크레파스는 기본적인 색으로 구성되어 있습니다. 크레파스는 12색, 24색 등 다른 색깔로 구성되어 있습니다. 그러나 화가들은 이런 크레파스로 그림을 그리지 않습니다. 화가들은 몇 가지 물감을 섞어서 자신이 표현하고 싶은 다양한 색깔을 만들어 냅니다. 우리는 성경에서 어떤 말씀을 읽어도 네 가지 색깔로 정확히 구별할 수 있습니다. 이것은 하나님의 선하심을 말하고 있구나, 이것은 마귀의 거짓말로 말미암아 죗값으로 온 저주구나, 이 문제를 해결하시기 위해 하나님께서 이렇게 구원하셨구나! 나의 옛 사람은 그리스도와 함께 죽었고, 이제 나는 하나님의 자녀로 다시 태어난 새로운 피조물로 이렇게 환경을 다스리며 승리하는 삶을 살 수 있구나!

이제부터는 훈련된 군인이 적과 아군을 정확하게 식별하여 적을 대적하고 아군을 돕듯이, 이 네 개의 큰 그림으로 성경 어디를 읽든지 하나님의 선하심과 마귀의 악한 일들을 혼돈하지 않고 분명하게 구별할 수 있을 것입니다. 하나님의 구원을 발견할 수 있을 것입니다. 그리스도 안에서 하나님의 자녀의 권세를 사용하며 다스리는 삶을 이해할 수 있을 것입니다.

영접 기도

예수님!
나는 예수님을 알지 못하고 살던
삶으로부터 돌이켜 예수님께 나아옵니다.
나의 마음 중심으로부터 예수님을
제 인생의 구원자와 주님으로 모셔 들입니다.
로마서 10장 9절 말씀대로,
나는 내 입으로 예수님을 나의 주님으로 시인하며
또 하나님께서 예수님을 죽은 자 가운데서
살리신 것을 내 마음에 믿습니다.
나를 구원해 주셔서 감사합니다.
이 순간부터 나는 구원받았음을 확신합니다.
이제 나는 거듭났으며 하나님의 자녀가 되었습니다.
나는 영생을 선물로 받았습니다.
나는 이제부터 새 생명으로 살아갑니다.
하나님 아버지 감사합니다!
나의 주 나의 구원자 예수 그리스도 이름으로 기도합니다.
아멘!

여기 영혼 구원을 위한 영접 기도3)가 있습니다. 이 복음을 들은 사람은 그 내용을 마음으로 믿고 입으로 고백함으로 누구나 구원을 받을 수 있습니다. 이 복음을 잘 배워서 그대로 전하기만 하면 됩니다. 복음의 핵심은 예수 그리스도입니다. 예수님께서 어떻게 우리의 구원자가 되셨는지 복음을 듣게 한 다음 이 예수 그리스도를 구원자로 믿고 마음에 모시겠느냐고 질문합니다. 복음을 전한 다음에는 이 기쁜 소식을 들었으니 이제 믿음을 선택함으로써 구원받으라고 결단을 촉구해야 합니다. 그리고 복음을 듣고 믿기로 작정한다고 하면, 바로 이 기도를 함께 하도록 합니다. 이 세상 모든 믿지 않는 사람들은 예수님을 그리스도로 모시는 영접 기도를 함으로써 믿는 사람이 되고 하나님의 자녀가 됩니다. 그러므로 영접 기도는 사람이 드리는 이 세상에서 가장 중요한 첫 기도입니다.

지금부터 약 이천 년 전, 이 복음의 사건이 일어났습니다. 위대한 일이 일어났습니다. 구원자가 오셔서 우리를 구원하셨습니다.

---

3) 「글 없는 책」, 미스바 출판유통, 2001
제임스 케네디, 「전도폭발」, 생명의 말씀사, 1984
「사영리」, 한국대학생선교회 편집부, 2002
「하나님의 선물인 영생」(다리예화전도지), 네비게이토, 2000
김진호, 「새로운 피조물 전도지」, "새로운 피조물" 앱, 믿음의 말씀사, 2011

예수님이 다시 오실 때까지, 앞으로 태어날 모든 사람을 포함하여 예수님께서 이미 값을 지불하셨습니다. 이제는 그 누구도 죄로 말미암아 하나님 앞에 죄인으로 살아갈 필요가 없습니다. 죄의 값은 사망이라고 했는데 아무도 죽을 필요가 없습니다. 아무도 죽음을 두려워할 필요가 없습니다. 죄와 벌의 문제는 모두 해결되었습니다. 뿐만 아니라 하나님의 자녀로 다시 태어날 수 있습니다. 이 기쁜 소식을 들려주고, 들은 사람에게는 믿도록 촉구해야 합니다. 이 기쁜 소식을 듣고 믿기만 하면 모두 구원받으므로, 영접 기도는 세상에서 가장 중요한 기도이며, 1~2분이면 할 수 있는 가장 짧은 기도이기도 합니다.

어떤 사람은 예수 믿으라고 하면 일요일에 교회 갈 시간이 없어서 못 믿는다고 합니다. 일요일에 예배드리러 가는 것은 매우 중요하지만, 예수 믿는 것은 일요일에 예배드리러 갈 수 있는 사람만 해당되는 것이 아닙니다. 어떤 사람은 술, 담배를 끊지 못하기 때문에 못 믿겠다고 합니다. 술과 담배는 예수 믿지 않아도 하지 않는 것이 좋지만 예수를 믿는 것과 직접적인 관계가 있는 것은 아닙니다. 예수 믿고 내가 구원받는 것은 이런 행위와는 별개의 문제입니다.

생각해 보십시오. 발전소에서 전기를 만들고 수고하고 애써서 우리 집까지 가져다 놓았습니다. 전기는 매일 필요한 것이기에 발전소 사람들은 일요일도 없이 전기를 공급하는 일에 수고하고 있을 것입니다. 우리가 전기 스위치를 켜는 것은 가장 쉬운 일입니다! 나의 의지로 할 수 있는 간단한 일입니다.

하나님께 가장 중요한 사람은, 바로 이 복음을 전해서 구원을 받도록 하여 믿지 않는 사람이 영접 기도를 할 수 있도록 촉구하는 사람입니다. 회사에서 영업사원이 중요한 것과 마찬가지입니다. 발전소에서 전기를 만들어 각 집으로 보내는 일에도 많은 수고와 비용이 들어가지만, 전원 스위치가 어디 있는지 가르쳐 주고 플러그에 연결해 컴퓨터를 사용할 수 있도록 도와주는 사람이 없다면 그 유익한 전기도 아무 쓸모가 없는 것과 마찬가지입니다.

우리 부부의 멘토이신
데이지와 티 엘 오스본 목사님

데이지(1924-1995)
T. L. 오스본(1923-2013)

복음 전도자
부부 공동 사역
선교지 중심 야외집회
집회 후에 책을 주고
교회 개척 후원

[주요 저서]
능력으로 역사하는 메시지,
좋은 인생, 성경적인 치유,
긍정적 욕망의 힘,
기적 인생 외 다수

제가 티 엘 오스본 T.L. Osborn 목사님을 처음 뵌 것은 2000년 미국 털사에서 레마 성경 훈련소를 다닐 때였습니다. 그때 저는 저녁 시간에는 '도마타 선교 학교'에서도 수강을 했는데, 그분이 특강 강사로 오셔서 하루 저녁 강의를 하셨습니다. 40여 명의 학생들과 특강을 들으러 온 30여 명의 목사님들과 함께 작은 강의실에서 세 시간 가까이 그분의 강의를 듣는 것은 특별한 축복이었습니다. 마치 예수님이 오셔서 말씀을 하시는 분위기가 이와 비슷하겠다는 느낌이 들 정도였습니다.

오스본 목사님은 열아홉에 인도 선교사가 되었지만, 10개월 만에 돌아온 실패한 선교사로서 갈급한 가운데 주님께 나아갈 때 주님은 이 부부에게 새로운 은혜를 부어 주셨습니다. 그 후 T. L. 과 Daisy 오스본 부부는 새로운 계시와 은혜를 받아서 복음이 전파되지 않은, 소위 제 3세계를 중심으로 하여 수많은 나라에 복음을 전하며 살았습니다. 그때 털사에서, 복음 전하는 자로 살아오신 82세 되신 신앙의 거인의 말씀을 한 주 내내 듣고 인사까지 할 수 있었던 것은 평생에 한 번 있을 기회였습니다. 그 후 2005년 9월에는 일본 동경에서 열리는 세미나에 '예수 선교 사관학교' 1기 생도들과 함께 수학여행으로 참여했습니다. 1956년 교토에서의 집회 이후 50년 만에 하는 동경 집회에 참석한 것입니다.

오스본 목사 부부는 미국 오순절 계통의 교회 중에서 특히 '믿음의 말씀'을 전하는 전도자로서 미국 이외의 나라, 아프리카나 아시아를 중심으로 선교지에서 야외 대형 전도 집회를 함으로써 수많은 치유의 증거로 얼굴과 얼굴을 맞대고 복음을 전한 전도자입니다.

한국에서는 오스본 목사님을 초청하는 사람이 없어서 한국에서 집회를 열 기회를 갖지 못했다는 말씀을 듣고, 우리가 초청하면 오시겠다고 하시면서 "내가 천국 가기 전에 빨리 초청하라"고 하셨는데 이 책을 쓰고 있는 저는 그 기회를 놓치고 말았습니다. 53년간 결혼생활을 함께 했던 데이지 오스본은 1995년 5월 27일

70세의 나이로 먼저 하늘나라로 가시고, T. L. 오스본은 2013년 2월 14일 사모님이 계신 하늘나라로 가셨습니다. 그 후 2007년 가을, 우리 교회는 분당에서 용인으로 새 건물로 예배당을 이전하면서 오스본 목사님의 손자인 타미 오델Tommy Odell을 초청하여 집회를 했습니다. 동경 집회 이후에 오스본 목사님께서 허락해서 번역 출판한 몇 권의 책들을 보여주며 할아버지께 한국 집회 기념으로 가져다 드리라고 하자, 내가 털사에 오면 그때 직접 드릴 수 있도록 자기가 자리를 마련하면 더 좋겠다고 하였지만 제게 그 기회는 오지 않았습니다.

오스본 목사님은 정말 어린 아이처럼 사랑과 기쁨이 넘치고 누구나 가까이할 수 있는 겸손함과 소박함이 있었습니다. 그분의 메시지는 언제나 단순하게 복음의 능력을 전했으며, 이해하기 쉽고 용기와 희망을 불러일으키는 영감으로 가득 찼습니다. 그분은 집회가 끝난 후에도 반드시 자기가 쓴 책을 수 톤씩 선물하여 집회 참석자들이 들은 말씀을 소화해 다른 사람을 가르칠 수 있도록 도와주었습니다. 그의 사역의 열매는 한 세대가 지난 지금, 오스본 목사님을 통해 구원받고 그의 책을 읽고 전하여 지금은 훌륭한 목사가 된 수많은 사람에 의해 증거되고 있습니다. 오스본 목사님은 복음을 전할 때 반드시 병든 자를 치유하는 기도를 함으로써 따르는 표적으로 복음을 증거하였습니다. 힌두교도, 무슬림교도와 각종 귀신을 섬기는 소위 제 3세계 사람들에게 오스본 목사님의 전도 방법은 적중하여, 수많은 영혼이 주님께로 돌아오고 수많은 사역자가 배출되었습니다.

오스본 목사님의 복음은 단순하고 쉬웠으며, 그리스도의 죽음과 부활에 초점을 맞추었고, 영혼을 사랑하는 마음 때문에 복음을 전하는 중심이 뚜렷했습니다. 이런 영적 거인의 집회에 참석해서 직접 뵙고 그의 열정과 순수함과 그리스도를 닮은 아름다운 모습을 한 번 보는 것은 우리의 영혼 깊이 영원한 변화를 줍니다. 그분의 책에는 반드시 전도 집회 현장에서 수많은 영혼을 치유하고 구원하는 생생한 모습을 보여주는 사진을 모아 놓은 페이지가 있습니다. 한 장의 사진이 열 장의 글보다 더 사실을 실감 나게 보여준다는 것을 아시기 때문입니다. 무엇보다도 사진은 사실대로 말합니다. 사진은 과장하지 않습니다. 사진은 말이 필요 없습니다. 보고 충격을 받을 만한 흑백 사진에 나온 수많은 사람을 보면서 예수님을 따르던 많은 무리가 떠올랐습니다.

오스본 목사님은 10대 초반에 예수를 믿고, 동네에서 열린 부흥 집회에 참석하게 됐다고 합니다. 큰 은혜를 받고 이유도 모르게 그냥 눈물이 나서 하나님 앞에 많이 울었다고 합니다. 은혜 가운데 자기 마음속에 이런 내적 음성을 들었다고 합니다. '앞으로 목사가 되어서 복음을 전하고 살면 어떻겠니?' 그렇게 하겠다고 '예'라고 대답하고 그 길로 한평생 달려갔습니다. 그는 열일곱 살 때 목회자로 헌신을 했습니다. 그 후 아흔 살이 될 때까지 평생 엄청난 많은 일을 하셨습니다. 그분의 간증을 들은 적이 있습니다. 자기가 은혜받고 울고 있는데 교회에서 어떤 성도님이 "티 엘, 내가 보니까 너는 앞으로 훌륭한 목사가 될 것 같다."라고 말했다는 것입니다. 오클라호마 농촌 구석의 한 십 대 소년에게 한 성도가 건넨 격려의 말은 그에게 하나님의 예언적인 말씀이 되었습니다. "너는 앞으로 정말 훌륭한 목사가 되면 좋을 것 같다." 그 말의 씨앗은 소년의 심령에 떨어져서 세월이 지나면서 이렇게 세상을 바꾼 복음 전도자가 된 것입니다. 그 후 아프리카 선교는 라인하르트 본케 같은 목사님이 더 큰 집회를 열고 더 많은 영혼을 구원하는 역사적인 사역을 이어갔지만, 한 세대 앞서 이렇게 믿음으로 새로운 사역을 시작한 오스본 목사님 부부 같은 선구자의 햇불은 세월이 지날수록 더욱 빛을 내며 후세들에게 희망과 용기를 주고 있습니다.

복음이란 무엇인가

내가 복음을 부끄러워하지 아니하노니 이 복음은 모든 믿는 자에게 구원을 주시는 하나님의 능력이 됨이라 먼저는 유대인에게요 그리고 헬라인에게로다 (롬 1:16)

이 말씀은 이 세상에서 가장 기쁜 소식입니다. 이 복음This Gospel은 믿는 자에게 구원을 주시는 하나님의 능력이라고 했습니다. 가장 중요한 것은 내가 구원을 받는 것이고, 구원받기 위해서는 복음을 들어야 합니다. 이 복음을 정확히 앎으로 자신의 구원을 확신할 수 있고, 다른 사람에게 전하여 구원받도록 할 수 있습니다. 복음을 정확히 알고 있으면 언제 누구에게든지 복음을 전할 수 있습니다. 5분만 있어도 전할 수 있고, 10분을 줘도 전할 수 있고, 한 시간 이상 함께 할 때도 전할 수 있습니다. 중요한 것은 이 복음을 전했을 때, 듣는 사람이 성령의 역사를 거역하지 않고 좋은 마음으로 듣는 것입니다. 하나님의 말씀을 들음으로 믿음이 생기고, 믿기로 선택함으로 구원받을 수 있습니다.

사람은 기쁜 소식을 들으면 기뻐하고, 슬픈 소식을 들으면 슬퍼합니다. 그러나 이 복음은 그냥 기뻐하는 것이 전부가 아닙니다. 이 복음은 사람을 구원하는 능력이 있기 때문에, 다른 사람과 나눌 때 듣는 사람의 영혼이 반응하여 구원을 받게 합니다. 영적으로 죽은 자가 영적으로 산 자가 되게 합니다. 하나님으로부터 다시 태어나 하나님의 자녀가 되게 합니다. 하나님의 존재를 부인하고 아무 관계 없는 듯이 살던 사람이 드디어 하나님을 아버지로 부르며 하나님의 자녀로서 살게 됩니다.

복음은 이렇게 듣기에만 좋은 것이 아니라 사람을 구원하고 사람을 변화시키는 능력이 있습니다. 죄인을 의인으로 변화시킵니다. 마귀의 자식이 하나님의 자녀가 되게 합니다. 하나님을 알지 못하는 사람이 하나님을 아는 사람이 되게 합니다. 전자제품이 전원과 연결되어 있지 않다가 연결되어 전류가 흐르는 것과 같은 원리입니다. 가전제품이 전원과 연결되어 있을 때 모든 유익한 기능대로 사용할 수 있는 힘을 얻는 것과 같습니다. 최고 사양의 컴퓨터에 좋은 프로그램이 설치되어 있어도 전원이 연결되어 있지 않으면 어떤 기능도 발휘할 수 없습니다. 믿지 않는 사람들도 겉모습은 우리 믿는 사람과 똑같아 보입니다. 그러나 가장 중요한 차이는 믿는 사람에게는 하나님의 생명이 있고, 믿지 않는 사람에게는 하나님의 생명이 없다는 것입니다.

이 기쁜 소식을 듣고 우리가 마음으로 믿고 입으로 시인하는 순간, 그 사람은 하나님의 생명인 영생을 선물로 받고 하나님의 자녀로 태어납니다. 하나님이 말씀으로 낳은 것입니다. 전기의 작동 원리를 배우지 않아도 전기를 활용하는 제품을 사용하는 유익을 우리는 누릴 수 있습니다. 우리가 사용하는 모든 가전제품에 사용 설명서가 있듯이 구원받는 사람은 '새로운 피조물 사용 설명서'인 신약성경을 배움으로써 하나님의 자녀로서 권세 있는 삶을 살 수 있습니다.

그러므로 모든 사람에게 가장 중요하고 시급한 것은 바로 이 복음을 듣고 믿을 기회를 주는 것입니다. 구원받은 사람은 이 구원이란 선물의 내용물을 알고 유익을 누리게 됩니다. 내가 만나는 믿지 않는 사람들에게 이 복음을 전하여 그들도 구원받도록 할 수 있습니다.

1. 사람은 하나님의 형상대로 창조되었습니다

하나님이 자기 형상
곧 하나님의 형상대로
사람을 창조하시되
남자와 여자를 창조하시고
(창 1:27)

  복음을 전할 때 가장 먼저 전하는 말씀은, 사람은 하나님의 형상, 즉 하나님의 모양을 따라서 만들어졌다는 것입니다. 창세기 1장에 보면 하나님께서 이 세상 모든 만물을 만드셨습니다. 모든 피조물을 만드시고 마지막으로 자기 모습을 따라 하나님의 형상대로 사람을 만드셨다고 말씀하고 있습니다.

  하나님을 본 사람이 없기 때문에, 하나님이 어떤 모습인지 우리는 알 수 없습니다. 그렇지만 여기 창세기 1장 27절을 보니 하나님이 어떤 모습인지 알 수 있습니다. 하나님은 자기 모습을 따라서 아담과 하와를 만드셨다고 했습니다. 왼쪽의 그림이 바로 하나님의 모습을 표현한 것입니다. 겉모습은 보이지 않지만 하나님을 이렇게 노란색으로 표시해 보았습니다. 하나님이 자기 모습을 따라서 남자와 여자를 만드셨다고 하셨으므로 하나님을 사람의 형상으로 표시했습니다.

세상의 다른 피조물과 달리 하나님 형상을 따라 지으신 사람의 가장 큰 특징은 무엇일까요? 첫째는 하나님은 영이시기 때문에 인간은 영적인 존재로 지음 받았습니다. 둘째는 인간은 감정과 의지와 지성을 가진 혼적인 존재입니다. 셋째로 다른 동물들과 같이 몸을 가지고 있습니다.

사람들은 자신이 생각하고 있기 때문에, 혼과 몸을 가지고 있다는 것은 대부분 인정합니다. 그러나 자신이 영적인 존재라는 것은 모르거나 인정하지 않습니다. 성경을 통해서, 하나님은 영이시기 때문에 인간이 영적인 존재로 지음 받았다는 것을 우리는 알 수 있습니다. 뿐만 아니라 하나님은 죽거나 살거나 하시는 분이 아니라 영원한 생명을 가지신 분이십니다. 하나님의 형상을 따라 지음 받은 사람도 영원한 생명을 가지고 태어났습니다.

하나님은 다른 모든 피조물을 다 만드신 후에, 마지막으로 아담과 하와를 지으셨습니다. 맨 마지막에 사람을 만드시면서, 다산하고 번영하여 땅을 가득 채우고 이 모든 피조물의 세계를 다스리라고 하셨습니다. 창세기 1장 28절에는 하나님께서 아담과 하와에게 복을 주시며 생육하고 번성하며 땅에 충만하며 다스리라고 하는 축복의 말씀이 기록되어 있습니다. 이 세상에 모든 피조물은, 하늘과 땅의 모든 눈에 보이는 것이나 보이지 않는 모든 것이, 하나님의 형상대로 지음 받은 사람을 위해서 지어진 것입니다.

하나님이 그들에게 복을 주시며 하나님이 그들에게 이르시되 생육하고 번성하여 땅에 충만하라, 땅을 정복하라, 바다의 물고기와 하늘의 새와 땅에 움직이는 모든 생물을 다스리라 하시니라 (창 1:28)

그러므로 이 기쁜 소식의 시작은, 인간이 하나님의 모습을 따라 지음 받은 특별한 존재임을 믿는 것입니다. 그러나 처음 인간인 아담과 하와는 죄를 지음으로 말미암아 하나님의 영원한 생명을 잃어버리게 됐습니다. 창조 이야기가 창세기 1장에 나와 있고, 창세기 2장 17절에서는 이 이야기가 나와 있습니다.

2. 아담은 죄를 지음으로 죽었습니다

선악을 알게 하는
나무의 열매는 먹지 말라
네가 먹는 날에는 반드시
죽으리라 하시니라
(창 2:17)

하나님은 이렇게 말씀하셨지만 아담과 하와는 마귀의 거짓말에 속아 하나님의 말씀을 거역함으로 먹지 말라고 한 선악과를 먹었고, 그로 인해 죽게 되었습니다. 선악과를 먹자마자 육신의 목숨이 죽은 것이 아니라 하나님의 영원한 생명이 그들을 떠나게 되었습니다. 하나님의 생명이 떠남으로 그들은 영적으로 죽은 자가 되었습니다. 영적으로 죽은 자의 모습을 까만색 사람으로 표현했습니다.

인간은 영적인 존재입니다. 예수 그리스도를 영접하지 못한 모든 사람은 영적으로 죽은 사람입니다. 인간이 영적인 존재라는 것을 알아야 영적인 죽음도 인정할 수 있습니다. 이 세상 사람들은 자신이 영적으로 죽은 자라는 것을 알지 못합니다. 사람들은 자신이 영적인 존재이지만 영적으로 죽어 있기 때문에 이 영적인 것에 대한 갈망이 있습니다. 본질상 영적 존재인 인간의 영이 죽어 있기 때문에, 인간은 하나님을 알고 싶어 하는 노력을 하게 됩니다. 이런 노력이 세상의 종교들입니다. 세상 사람들은 종교나 철학처럼 하나님이 아닌 것을 절대 가치로 숭배하고 추구하고 꿈꾸며 살아갑니다.

침팬지나 원숭이는 아무리 지능이 뛰어나도 예배를 드리거나 우상을 숭배하지 않습니다. 오직 인간만이 예배를 드리고 우상을 숭배하고 종교 생활을 합니다. 왜 그렇습니까? 그들은 영적인 존재였는데 영적으로 죽어 있기 때문에, 하나님 창조의 본성으로, 영적인 것에 대해서 알고 싶어 합니다. 지금은 영적으로 죽어 있지만 영적인 것을 알고 싶어 하는 본성의 흔적이 남아 있는 것입니다.

영적 죽음은 육체의 죽음을 초래했습니다. 육체의 죽음은 사람의 혼 'psuche', soul이 육체를 떠남으로써 몸과 영혼이 분리되는 것입니다. 육체의 생명은 피에 있는데, 사람 몸 안에 있는 모든 피의 세포는 8일 정도 되면 모두 죽고 새로운 세포로 바뀐다고 합니다. 그러나 약 120년 동안은 같은 세포를 복제하지만 그 이상은 할 수 없다고 합니다. 세포가 새로운 세포를 복제하는 것을 멈추게 되면 육체의 죽음에 이르게 됩니다.

영원한 죽음eternal death은 구원받지 못한 사람들이 불못에 던져지는 것을 말합니다. 이 불못은 마귀와 그 무리를 가두기 위해 예비 되었던 곳인데, 마귀에게 속아 구원받지 못한 사람들이 부활 후에 가는 곳입니다.

> 사망과 음부도 불못에 던져지니 이것은 둘째 사망 곧 불못이라 누구든지 생명책에 기록되지 못한 자는 불못에 던져지더라 (계 20:14-15)

창세기 2장 17절 말씀에 따라 아담과 하와는 하나님을 거역했기 때문에 반드시 죽게 되리라고 하셨습니다. 이 죽음의 결과는 먼저 하나님의 영원한 생명 'zoe', eternal life이 떠나는 영적인 죽음이었습니다. 하나님의 생명으로부터 분리된 것이 영적 죽음입니다. 그 결과 하나님과 함께 살던 에덴에서 쫓겨나 하나님의 임재가 떠난 상태로 전락했습니다.

3. 하나님은 우리에게 영생을 주시려고 예수님을 보내주셨습니다

그 안에 생명이 있었으니
이 생명은 사람들의 빛이라
(요 1:4)

예수님은 영원한 생명을 가지고 이 세상에 태어나신 유일한 하나님의 아들이셨습니다. 사람인 아버지와 어머니를 통해서 태어났다면 예수님도 죄인으로 태어났을 것입니다. 사람의 몸을 입기 위해 어머니 마리아의 몸을 통해서 오셨지만, 예수님은 성령으로 잉태되셨습니다.

아담과 하와는 처음에는 영생을 가지고 있었지만 곧 잃어버렸습니다. 이후 예수님은 성령으로 처녀인 마리아의 몸에 잉태되셔서 세상에 태어나셨습니다. 요한복음 1장 4절 말씀처럼 그 안에 하나님의 생명이 있는 예수님이 이 세상에 오신 것입니다. 예수님이 오신 이유는 바로 그 생명을 우리에게 주시기 위해서입니다.

보통 교회 다니며 예수 믿는 사람에게 예수님이 왜 오셨는지 질문하면, 대부분 우리의 죄를 용서해 주시기 위해서 오셨다고 말합니다. 부분적으로는 맞지만 충분한 답은 아닙니다. 죄인은 죄인이기 때문에 죄를 짓는 것입니다. 죄를 용서받아도 죄인은 또 죄를 지을 것입니다. 예수님은 우리에게 영생을 주시려고 오셨습니다.

> 하나님이 세상을 이처럼 사랑하사 독생자를 주셨으니 이는 그를 믿는 자마다 멸망하지 않고 영생을 얻게 하려 하심이라 (요 3:16)

예수님이 우리에게 영생을 주시기 위해서 하신 일이 있습니다. 요한복음 3장 16절은 하나님이 우리를 사랑하셔서 독생자 자기 아들을 주셨다고 되어 있습니다. 하나님께서 우리에게 영생을 주시기 위한 방법은 바로 "아들을 우리의 죗값으로 내어 주시는 것"이었습니다. 죄의 값은 사망이기 때문에, 바로 이 사망의 값을 지불하시기 위하여 살과 피를 가진 인간의 모습으로 오셨습니다.

> 자녀들은 혈과 육에 속하였으매 그도 또한 같은 모양으로 혈과 육을 함께 지니심은 죽음을 통하여 죽음의 세력을 잡은 자 곧 마귀를 멸하시며 또 죽기를 무서워하므로 한평생 매여 종 노릇 하는 모든 자들을 놓아 주려 하심이니 (히 2:14-15)

하나님이 우리를 사랑하셔서 아들 예수를 보내주신 것은 영생을 얻게 하려 하심이라고 분명히 말씀하셨습니다. 이 영생은 이 땅에서도 풍성하게 생명을 나타내며 살게 하는 생명입니다.

도둑이 오는 것은 도둑질하고 죽이고 멸망시키려는 것뿐이요 내가 온 것은 양으로 생명을 얻게 하고 더 풍성히 얻게 하려는 것이라 (요 10:10)

예수님의 [죽음-장사됨-부활-승천]을 통해서 하신 일

예수는 우리가 범죄한 것 때문에 내줌이 되고 또한 우리를 의롭다 하시기 위하여 살아나셨느니라 (롬 4:25)

이 그림은 그리스도인에게 친숙한 십자가와 부활의 그림입니다. 로마서 6장 23절은 죄의 값은 사망이라고 하였습니다. 로마서 3장 23절에도 모든 사람이 죄를 지어서 하나님의 영광에 이르지 못했다고 했습니다. 모든 사람은 죄인입니다. 죄의 값은 사망입니다. 모든 사람은 영적으로 죽은 자들입니다. 죄인을 살리기 위해 하나님께서 예수님을 보내주셨습니다. 죄의 값은 사망이기 때문에 누군가 죄의 값을 지불해야 했습니다. 죄의 값을 지불하기 위해서는 죄 없는 분이 오셔야 그 값을 온전히 지불할 수 있습니다.

어떤 사람이 사업을 하다 부도를 내어 경제사범으로 교도소에 가게 되었을 때, 교도소에 가지 않도록 하려면 돈 있는 사람이

와서 빚을 대신 갚아주면 됩니다. 사람은 죄인으로 태어나 죄를 짓고 사는 자입니다. 빚을 졌으면 돈으로 갚으면 되지만, 죄인으로 태어나 죄를 지으며 살아온 사람은 죄의 값을 죽음으로 지불해야 합니다. 그런데 죄 없는 분이 오셔서 자신이 대신 죽음으로써 죄인의 죗값을 지불하셨습니다. 그래서 예수님이 우리 죄를 위해서 오셨다는 것은 반은 맞는 말입니다.

죄를 지은 사람은 교도소에서 형기를 다 마치고 나와도 그 사람은 죄를 지었던 과거가 있는 전과자입니다. 범죄에 대한 벌을 받았지만 죄를 지었던 사실은 변함이 없습니다. 다시는 같은 죄를 짓지 않겠다고 결심을 한다고 그런 결심대로 살 수 있는 능력이 생기지는 않습니다.

로마서 4장 25절은 예수님은 우리의 범죄한 것 때문에 내줌이 되었을 뿐만 아니라 우리를 의롭다 하시기 위하여 다시 살아나셨다고 분명히 말하고 있습니다. 예수님은 우리의 죗값을 지불하셨을 뿐만 아니라 우리를 의롭다 하시기 위하여 다시 살아나셨습니다. 죄를 용서받을 뿐만 아니라 이제는 의로운 자가 되어 죄를 전혀 지은 적도 없는 새로운 사람으로서 살 수 있게 되었습니다. 죄인으로 태어나 죄를 지을 수밖에 없던 아담의 후손이 다시 태어나 이제 그리스도인이 되어 죄를 짓지 않고 살 수 있는 의인이 된 것입니다.

그리스도인은 예수의 부활을 믿는 부활에 대한 증인입니다.

우리는 우리를 위하여 대신 죽으시고 부활하신 예수 그리스도를 믿습니다. 이 그림은 바로 예수님께서 나를 대신해서 십자가에서 죽으신 것을 보여줍니다. 사람이 몸만 가지고 있다면 몸이 죽은 것으로 끝날 것입니다. 그러나 사람은 하나님의 형상을 따라 지음 받은 존재이기 때문에, 육체가 십자가에서 죽은 것으로 그의 형벌이 다 끝나는 것이 아닙니다. 이것은 육체의 죽음에 지나지 않습니다. 사람은 영적인 존재입니다. 죄의 값은 육체만 죽는 것이 아니라 영적으로도 죽는 것입니다. 예수님은 하나님께 버림받아 우리가 가야 할 지옥에 간 것입니다. 죽은 자들이 가야 할 곳을 죄 없는 예수님이 가게 된 것입니다. 예수님은 우리의 영과 혼과 몸의 죽음에 대한 값을 다 지불하셨습니다. 여기서는 빈 무덤의 그림으로 표현했습니다. 이것을 성경책을 가지고 설명하면 아주 좋은 실물 교육이 됩니다.

속량 사역

나는 죄인이지만
예수님은
죄가 없으신 분입니다.

죄 없는 예수님께서
나를 대신하여
죄를 짊어지셨습니다.

나의 죄의 값을
예수님이 내 대신
지불하셨습니다.

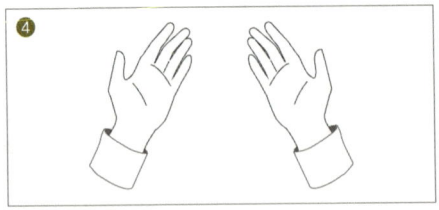

나는 예수님과 똑같이
하나님 앞에서
의로운 사람이
되었습니다!

히브리인들은 빚을 갚을 수 없으면 채권자의 종이 되어야 하는 법이 있었습니다. 그러나 가까운 친척이 그 빚을 대신 갚아주면 그는 자유인이 될 수 있었는데, 이를 속량Redemption이라고 하며, 몸값을 주고 팔려간 사람을 되사는 것을 말합니다.

나는 예수님과 똑같이 하나님 앞에서 의로운 사람이 되었습니다!

그리스도가 오실 것을 구약성경에서는 제사의 모습을 통해 계속해서 보여 주었습니다.[4] 구약성경을 읽으면 그리스도를 보내 주셔서 우리를 구원하는 모형과 예언을 볼 수 있습니다.

염소와 송아지의 피로 하지 아니하고 오직 자기의 피로 영원한 속죄를 이루사 단번에 성소에 들어가셨느니라 (히 9:12)

구약성경은 예수의 죽음과 부활을 통해서 우리를 구원할 것을 이렇게 설명했습니다. 하나님께서 이스라엘 민족과 약속을 하시고, 그들에게 성막을 짓게 하시고, 일 년에 한 번 대제사장이 염소와 송아지 피를 가지고 성막에 들어가 백성의 죄를 용서받도록 했습니다. 이것은 오실 예수님에 대한 그림자였습니다. 예수님이 십자가에서 죽으신 것과 죽음에서 부활하신 것을 설명하면서

---

[4] E. W. 케년, 「피의 언약」, 믿음의 말씀사, 2015

예수님은 염소의 피가 아니라 자기 피를 가지고 속죄를 이루신다고 했습니다. 사람의 손으로 만든 성막에서 제사를 드린 것이 아니라, 단번에 하나님이 계신 하늘나라에 가서, 자기 피를 가지고 처음이자 마지막인 영원한 제사를 끝내셨습니다. 예수 그리스도의 피는 너무나도 귀하기 때문에 히브리서 9장 14절에 이렇게 말씀했습니다.

> 하물며 영원하신 성령으로 말미암아 흠 없는 자기를 하나님께 드린 그리스도의 피가 어찌 너희 양심을 죽은 행실에서 깨끗하게 하고 살아 계신 하나님을 섬기게 하지 못하겠느냐 (히 9:14)

"인간은 영적 존재입니다. 그래서 영생을 선물로 받을 수 있습니다. 우리 죄의 문제를 해결하시고 우리에게 영생을 선물로 주시려고 하나님께서 죄 없으신 예수님을 이 세상에 보내주셨습니다. 예수님이 우리를 위해서 십자가에서 죽으시고 부활하셔서 우리가 구원받을 수 있도록 죗값을 다 지불하셨습니다. 우리는 우리의 죄를 용서받을 뿐만 아니라 영생을 선물로 받을 수 있게 되었습니다. 당신도 지금 하나님의 자녀로 다시 태어나서 영생을 선물로 받을 수 있습니다. 이제 이 선물을 받으세요."

이렇게 누구에게나 단순하고 쉽게 복음을 전할 수 있습니다.

4. 당신은 하나님의 자녀로 다시 태어날 수 있습니다

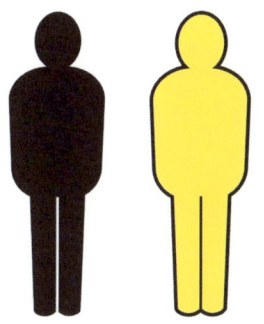

네가 만일 네 입으로
예수를 주로 시인하며
또 하나님께서 그를
죽은 자 가운데서
살리신 것을 네 마음에
믿으면 구원을 받으리라
(롬 10:9)

우리를 구원하시기 위하여 하나님이 하실 수 있는 일은 다 하셨습니다. 이 세상에 살고 있는 70억 인구를 구원하시기 위해 하나님이 하실 일은 다 하셨습니다. 지금 살아 있는 사람뿐만 아니라 앞으로 태어날 사람들까지 그들의 죗값은 이미 다 지불되었습니다. 그들을 의롭게 하고 영생을 선물로 주시는 예수의 피는 온전히 다 드려졌습니다.

이제 우리에게 맡겨진 일은 이 말씀을 전하여 믿을 기회를 주는 것뿐입니다. 세상 사람들은 자기 죄 때문에 지옥에 가는 것이 아닙니다. 그들은 하나님이 죄인인 자기들을 대신하여 예수님을 보내주셔서 죗값을 다 지불하셨다는 사실을 듣지 못했기 때문에 믿지 못하여 지옥에 가는 것입니다.

아담은 마귀에게 속아서 하나님의 말씀을 거역하여 죄를 지음으로 영적으로 죽었습니다. 오늘도 이 복음을 듣지 못하고 예수님을 영접하지 못한 사람들은 모두 마귀에게 속고 있는 것입니다. 예수님께서 죄인들을 위하여 대신 죗값을 지불하는 위대한 사랑의 죽음을 당하셨습니다. 이제 남은 가장 중요한 일은, 이 소식을 들은 우리가 듣지 못한 사람들에게 복음을 전하는 것입니다.

> 영접하는 자 곧 그 이름을 믿는 자들에게는 하나님의 자녀가 되는 권세를 주셨으니 이는 혈통으로나 육정으로나 사람의 뜻으로 나지 아니하고 오직 하나님께로부터 난 자들이니라 (요 1:12-13)

구원의 조건은 하나입니다. 이 복음을 들었을 때 예수님을 구원자로 모셔 들이는 것입니다. 영접함으로 말미암아 하나님의 자녀가 되는 권세를 주셨다고 했습니다. 다른 말로 하면 하나님의 자녀로 다시 태어나는 것입니다. 거듭날 기회를 주는 것입니다.

수많은 사람을 만나 복음을 전하고 영접 기도를 할 수 있도록 인도하는 경험을 통해서, 제가 전도할 때 사용하는 기술 하나를 소개하려 합니다. 이 복음을 전했는데도 상대방이 마음을 열지 않거나 핑계를 대며 피하려고 하는 경우가 있습니다. 그때 포기하지 않고 이렇게 마지막 카드를 씁니다.

"나는 목사로서 내가 알고 있는 복음을 가장 정확하게 당신에게 전했습니다. 당신에게 이 기쁜 소식을 전하기 위해 하나님은 나를 당신에게 보내셨습니다. 당신이 앞으로도 복음을 믿지 않고 그대로 죽어서 지옥에 가면 복음을 듣지 못해서가 아니라 내게서 들은 이 복음을 당신이 거절했기 때문입니다"라고 말합니다. 내가 복음을 전했는데 그 사람이 구원받지 못한 것은 스스로 예수님을 거절했기 때문입니다. 그래서 이제는 복음을 듣지 못했다거나 예수님이 누군지 몰랐다고 핑계 댈 수가 없습니다.

성경 어디에도 너희가 성경 읽고 구원받으라는 말이 없습니다. 물론 각자가 스스로 성경을 읽고 예수님을 알고 믿어 구원을 받으면 좋을 것입니다. 지금도 여전히 성경은 세상에서 가장 많이 출판되고 공급되지만 성경을 스스로 읽고 예수 그리스도를 믿는 사람은 드뭅니다. 그러나 복음은 그냥 듣기만 하면 믿음이 생기는 단순하고 쉬운 기쁜 소식입니다. 복음을 먼저 듣고 구원받은 사람이 복음을 듣지 못한 사람에게 전해 주면 되는 것입니다. 모든 사람이 이 복음을 들을 기회를 주어야 합니다. 그러므로 전도가 중요합니다. 복음을 비신자들에게 전하는 교회가 중요합니다. 그리스도인은 기회가 있을 때마다 복음을 정확히 전하고, 한 영혼을 구원하는 복음 제시의 탁월한 기술자가 되어야 합니다.

우리는 언제나 누구에게나 항상 복음을 전하여, 들은 사람이 예수님을 구원자와 주님으로 영접하도록 하는 "영접 기도"를 시키려 노력해야 합니다. 낚시하는 사람들은 고기를 잡기 위해, 낚시 근처에 깻묵을 뿌리고 낚싯대에 미끼를 꽂아 던져 놓고 오랫동안 기다립니다. 그러다 물고기가 미끼를 건드리면 결정적인 순간에 낚아 올립니다. 그물을 쳐서 고기를 잡을 때도, 중요한 것은 그물을 당기는 것입니다. 상대방의 마음을 열기 위해 밥을 사주기도 하고 사랑을 베풀기도 하지만, 가장 중요한 것은 복음을 전하고 그들에게 영접하도록 촉구하는 것입니다. 아주 강력하게 촉구해야 합니다. 지금 아니면 또 다음에 기회가 있겠지 하는 그런 안일한 생각을 해서는 안 됩니다. 좀 무례한 것 같지만 "당신이 이제 구원받지 못하면 그것은 이 복음을 듣지 못해서가 아닙니다. 나는 당신에게 전했으나 당신이 이 복음을 듣고 거절했기 때문입니다."라고 말하여 거절하지 않도록 강력히 권해야 합니다.

성경은, 구원받은 의인 99명이 좋은 일을 한 것보다 죄인 한 명이 하나님께 돌아오는 것이 하나님 앞에 기쁨이 된다고 말했습니다. 하나님께서 우리에게 기회를 주시는 대로, 기회를 만들어 항상 영혼을 구원하는 일에 힘써야 합니다. 언제 어디서 어떤 사람을 만나든지 5분을 얻든 50분을 얻든, 항상 우리는 이 복음을 전할 준비를 하고 기회를 만들어야 합니다.

> 너희가 거듭난 것은 썩어질 씨로 된 것이 아니요 썩지 아니할 씨로 된 것이니 살아 있고 항상 있는 하나님의 말씀으로 되었느니라
> (벧전 1:23)

그리스도와 동일시

그러므로 우리가 그의 죽으심과 합하여 세례를 받음으로 그와 함께 장사되었나니 이는 아버지의 영광으로 말미암아 그리스도를 죽은 자 가운데서 살리심과 같이 우리로 또한 새 생명 가운데서 행하게 하려 함이라 (롬 6:4)

가운데 직사각형 안에 있는 것은 예수님이 오셔서 우리를 위하여 하신 일을 그림으로 단순하게 표현한 것입니다. 우리를 구원하기 위하여 하나님이 예수님을 통해 2000년 전에 이런 일을 행하셨습니다. 죗값은 이미 다 지불되었습니다. 우리에게 영생을 줄 수 있도록 하나님은 모든 일을 다 하셨습니다. 우리는 구원받고 이 기쁜 소식을 다른 사람에게 전합니다. 그는 이 구원의 기쁜 소식을 듣고 예수님을 구주로 영접합니다.

우리는 예수님을 마음으로 믿고 입으로 시인하여 구원을 받습니다. 성경은 예수님을 주로 시인하며 믿는 사람은 침례를 받으라고 말했습니다. 침례는 바로 이 위대한 영적인 사건을 말씀대로 순종하여 선포하는 것이며, 나의 믿음으로 표현하는 것이며, 하나님의 자녀로서 다시 태어난 것을 함께 축하하는 예식입니다.

예수님은 십자가에서 실제로 죽으시고 지옥에 가시고 사흘 만에 부활하셨습니다. 거듭난 사람은 예수 이름으로 침례를 받음으로 그리스도의 죽음과 부활에 함께 참여하는 자가 됩니다. 예수님이 부활하심 같이 침례를 받고 물에서 나올 때, 하나님의 자녀로서 새 생명 가운데 살게 된 새 사람이 된 것을 선포하는 것입니다. 남자나 여자나 인종이나 겉모습과는 아무 관계 없이 영적으로는 똑같은 하나님의 생명과 본성을 가진 하나님의 자녀가 된 것입니다.

> 너희가 다 믿음으로 말미암아 그리스도 예수 안에서 하나님의 아들이 되었으니 누구든지 그리스도와 합하기 위하여 침례를 받은 자는 그리스도로 옷 입었느니라 (갈 3:26-27)

거듭난 그리스도인은 이제 그의 거듭난 영이 그리스도의 영과 하나가 되었습니다. 자신을 그리스도인으로서 인식하는 새로운 정체성을 가지게 되었습니다. 내 몸은 그리스도로 옷을 입었으므로 나는 그리스도를 대신하는 그리스도와 같은 사람이 되었습니다. 내 안에 그리스도가 사는 그리스도인이 되었습니다.

> 우리가 유대인이나 헬라인이나 종이나 자유인이나 다 한 성령으로 침례를 받아 한 몸이 되었고 또 다 한 성령을 마시게 하셨느니라 (고전 12:13)

자연적 행위로는 물 안에서 침례를 받지만, 영적으로는 성령 안에 침례를 받는 것입니다. 거듭나는 순간 성령으로 침례를 받아 그리스도의 몸이 된 것입니다. 물에 몸을 잠기게 하는 침례는 바로 성령에 의해서 일어난 것을 행동으로 선포하는 새로운 탄생입니다.

> 내가 그리스도와 함께 십자가에 못 박혔나니 그런즉 이제는 내가 사는 것이 아니요 오직 내 안에 그리스도께서 사시는 것이라 이제 내가 육체 가운데 사는 것은 나를 사랑하사 나를 위하여 자기 자신을 버리신 하나님의 아들을 믿는 믿음 안에서 사는 것이라 (갈 2:20)

거듭난 그리스도인은 겉 사람만 그리스도의 몸이 된 것이 아닙니다. 속 사람인 혼과 영은 몸 안에 사는 존재로, 그리스도인의 혼은 하나님의 말씀으로 새롭게 되고 거듭난 자신의 영은 성령께 양보 된 삶을 살 수 있습니다. 이제부터는 내 안에 내가 아니라 그리스도께서 사신다는 의식이 바로 그리스도와 자신을 동일시 했던 바울의 고백[5]입니다.

그리스도를 의식하는 것은 매일 매 순간 끊임없이 의식적인 노력으로 말미암아 무의식적으로도 될 수 있도록 훈련되어야 합니다. 이 과정을 바울은 "옛 사람을 벗어 버리고 오직 너희의 심령이 새롭게 되어 하나님을 따라 의와 진리의 거룩함으로 지으심을 받은 새 사람을 입으라"(엡 4:22-24)고 하였습니다. 즉, 마음의 영까지 완전히 그리스도와 일치하도록 반복적이고 의식적인 노력을 하라는 말입니다. 새 사람을 입는 것은, 자신을 그리스도의 몸으로 인식하고 그리스도의 생각과 그리스도의 영으로 기능하는 사람으로 인식하는 것입니다.

---

5) E. W. 케년, 「나의 신분증」, 믿음의 말씀사, 2013
   김진호, 「새로운 피조물의 실재」, 믿음의 말씀사, 2009

닭과 오리

어느 날 암탉이 알을 품었습니다. 많은 알을 품었는데 그중에 오리 알이 하나 섞여 있었습니다. 시간이 지나서 병아리들이 태어나기 시작했습니다. 한 마리, 두 마리, 여러 마리가 모두 알을 깨고 나왔습니다. 물론 오리 알도 함께 부화가 되어서 새끼오리도 같이 태어났습니다.

암탉이 보니까 이상한 게 하나 태어난 것입니다. 병아리들은 아주 노랗고 예쁜데 어디서 색깔도 거무죽죽하고 못생긴 새끼오리가 예쁜 병아리들 틈에 끼어 있었습니다. 암탉은 '참 못생긴 병아리도 있다'고 생각했습니다.

이제 암탉이 이 병아리들을 몰고 나가서 교육을 합니다. 닭의 삶에 대해서 가르치려고 들판으로 몰고 나갔습니다. 어떻게 풀을 헤쳐야 하고 곡식 낱알을 집어 먹어야 하는지를 가르칩니다.

그런데 오리는 발에 물갈퀴가 있고 부리는 뾰족하지 않고 넓적해서 어느 것 하나도 병아리들과 같이할 수가 없었습니다. 그래서 형제들과 엄마 닭에게 주목을 받기 시작했습니다. "쟤는 생긴 것도 이상하더니 할 줄 아는 게 하나도 없다. 아, 쟤는 정말 구제불능이야." 또 엄마 닭이 병아리들을 데리고 들로 나가 닭의 삶에 대해서 가르칩니다. "우리 닭은 절대 물에 들어가면 안 된다. 물에 들어가면 절대 안 되니까 근처에도 가지 말아라." 당부를 하고 돌아왔습니다. 시간이 지나서 병아리들이 많이 자랐습니다. 밖에 나가서 모이도 주워 먹고 각자 돌아다닐 수 있는 나이가 되었습니다.

새끼오리는 병아리들과 함께 자라면서 많은 것을 배우면서 다른 병아리들처럼 행동할 수 없는 자신을 비관하기 시작했습니다. '내 인생은 되는 게 하나도 없어. 나는 다른 닭들하고 같은 게 하나도 없구나.' 새끼오리는 고민이 컸습니다. 혼자 조용히 앉아서 먼 하늘을 바라보면서 탄식하기 일쑤였습니다.

그러던 어느 날 눈길을 돌리다가 옆에 있는 저수지에 시선이 머물렀습니다. 물을 보는 순간, 안에서 뭔가 움직이기 시작했습니다. '아, 물에 들어가고 싶다. 물에 한 번 들어가 봐야지. 엄마는 절대 물에 들어가지 말라고 했는데 나는 참을 수 없어. 에이, 물속으로 한 번만 들어가 보자!'

엄마의 말을 거스르고 물가로 갔습니다. 물에다가 발을 살짝

집어넣어보니까 아무 일도 없었습니다. 엄마는 우리가 물에 가면 큰일 난다고 했는데 별일도 일어나지 않았습니다. 다른 쪽 다리 마저 모두 집어넣었더니 물에 동동 뜨는 것이었습니다. '어어 이것 봐라 재미있다!' 너무 놀라운 체험이었습니다. 그리고 아무 일이 없단 듯이 집으로 돌아왔습니다. 그리고 심심할 때 아무도 몰래 저수지로 가서 혼자 놀곤 했습니다.

어느 날 혼자 놀고 있는데 계절이 바뀌어서 오리 떼들이 날아 왔습니다. 오리 떼들이 날아와서 보니까 오리가 한 마리 놀고 있었습니다. 그래서 물었습니다. "오리야 넌 왜 여기 혼자 있니?" 새끼오리가 대답합니다. "아, 나는 오리가 아니야. 나는 닭이야. 우리 엄마도 닭이고 우리 형제들도 닭인걸. 나도 닭이야." 오리들이 설득합니다. "아니야 너는 닭이 아니라 오리야. 물가에 비친 네 얼굴을 봐봐." 물에 비치는 자신을 보니 옆에 있는 오리들과 똑같이 생긴 것입니다. 그래서 이 새끼오리는 자신이 닭이 아니라는 것을 깨닫게 됐습니다.

그때부터 새끼오리는 오리들로부터 오리의 삶을 배웁니다. 엄마 닭이 가르쳐줄 수 없는 것들이었습니다. 어떻게 헤엄을 치는지, 어떻게 물속에 있는 물고기를 잡아먹는지, 그리고 어떻게 날아오르는지를 배웠습니다. 그리고 철이 바뀌었습니다. 이제 날아왔던 오리 떼들이 먼 나라로 날아갈 때가 되었습니다. 이 새끼오리도 그 동안 연마했던 실력을 가지고 물길을 걷다가 날아오릅니다.

닭들은 아직도 뜰에서 땅만 바라보고 곡식을 주워 먹고 있었습니다. 오리가 그동안 받았던 핍박을 한꺼번에 날려버립니다. 오리가 날아가면서 그들에게 큰 소리로 말했습니다. "나는 다른 나라로 간다. 닭들아." 그리고 그는 오리 떼와 함께 날아갔습니다.

새끼오리가 자신이 닭이 아니라 오리라는 것을 발견했듯이 이제 거듭난 우리는 세상 사람들과 다르다는 것을 알아야 합니다. 우리는 하나님의 생명을 가지고 있습니다. 의는 우리의 본성입니다. 이제 의의 생명에 대해서 배워야 합니다. 새끼오리가 오리에게 오리의 삶을 배웠듯이, 또 암탉에게서 오리의 삶을 배울 수 없었듯이, 세상에 있는 사람들은 우리에게 세상의 것이 옳으며 눈에 보이는 세계가 전부라고 가르칩니다. 그러나 우리는 하나님의 자녀입니다. 하나님의 본성을 가지고 있습니다. 하나님의 본성에 대한 삶은 말씀과 성령만이 가르쳐 줄 수 있습니다. 하나님의 생명에 대한 전문가는 바로 성령님이십니다. 성령님이 말씀을 통하여 우리에게 의의 삶을 가르치십니다. 닭과 같이 땅에서 발을 딛고 사는 제한된 자연인으로서의 삶은 끝났습니다. 생명 안에서 모든 것을 다스리며 살 수 있는 왕 노릇 하는 삶이 우리가 이 땅 위에서 마음껏 누릴 수 있는 삶입니다.

그리스도인은 누구인가

복음의 안경을 통해 성경을 읽으십시오

제가 오래전 교회를 시작할 때 경험했던 실수를 통해 배운 것을 나누고 싶습니다. 매일 아침 5시, 교회 근처에 사는 성도들이 예배당에 나와서 새벽기도회에 참석했습니다. 매일 새벽기도회에서 설교를 해야 하는데, 가장 쉬운 방법이 창세기부터 성경을 한 장씩 읽어 나가는 것이었습니다. 매일 새벽에 성경을 한 장씩 읽다가 예레미야서를 읽게 되었는데, 말씀 내용이 오늘도 심판에 대한 저주 이야기고 내일도 심판에 대한 저주여서, 일주일 내내 회개하지 않으면 심판받고 저주받는다는 말씀만 읽었습니다. 이른 아침부터 이스라엘 민족이 죄를 지어서 하나님이 심판하시겠다는 내용만 계속 읽었던 것입니다. 마귀는 거짓말쟁이다, 죄의 값은 사망이다, 회개하지 않으면 멸망한다, 성경에 있는 맞는 말씀이지만 아침마다 이런 말씀만 읽는다면 성도가 아무리 말씀을 잘 받아들인다 해도 어떻게 하루를 즐겁게 시작할 수 있겠습니까? 결국 몇 주간 예레미야서를 설교하다가 시편으로 넘어가게 되었습니다. 이 경험은 대단한 깨달음이었습니다!

구약성경이 신약성경보다 더 두껍습니다. 구약성경에서도 이사야서, 예레미야서, 에스겔서와 12개의 소 선지자들의 예언서가 가장 큰 부분을 차지합니다. 모세오경인 다섯 권의 율법으로도 충분할텐데, 이스라엘 민족의 역사 가운데 보내신 많은 선지자의 예언서가 왜 있을까요? 이스라엘 민족이 율법대로 살지 않고 계속해서 죄를 지었기 때문에, 하나님의 심판을 피할 수 있도록 그들이 회개하도록 경고하시기 위해 많은 선지자를 보내셨습니다. 부모는 자녀가 잘못했을 때 가르치고 훈육을 하면 되지만, 자녀가 혼나지 않도록 미리 잔소리를 하는 것과 마찬가지입니다. 잔소리를 하다가 엄마가 마지막으로 경고하는 말이 "아빠에게 일러준다!"입니다. 엄마의 말이 효과가 없을 때, 다음 번 방법은 아빠가 훈육하고 벌을 주는 것입니다. 하나님은 사람들이 죄로 말미암아 멸망하는 것을 원하지 않습니다. 이스라엘 민족들이 심판을 받지 않도록 하고, 빨리 회개하고 돌아오도록 하는 것이 하나님의 뜻이었습니다. 그래서 이스라엘 민족에게 선지자를 보내셔서 계속 회개하라고 선포한 기록이 선지자들의 글이며, 구약성경의 삼 분의 일 이상을 차지하는 내용입니다. 구약성경에 심판을 다룬 이야기가 많고 선지자들의 책이 많은 것은, 우리가 심판받지 않고 회개하고 돌아오기를 기다리시는 하나님의 사랑의 다른 표현이었습니다.

예레미야는 북 왕국 이스라엘이 심판을 받아 멸망한 것을 보고도 회개하지 않던 남 왕국 유다를 향해 회개하지 않으면 멸망할 것이라고 예언했습니다. 그러나 사람들은 예레미야가 축복의 말은 하지 않고 저주만 한다고 하여 예레미야를 구덩이에 집어넣고 계속 핍박했습니다. 이사야서를 보면 더욱 그렇습니다. 이사야서가 66장까지 기록되어 있는데, 앞 39장까지는 계속해서 하나님의 심판에 대한 경고입니다. 40장부터 위로의 말씀이 나오고 마침내 53장에는 하나님의 종이 오실 것을 이야기하고 있습니다. 끝부분에 가서는 이스라엘이 어떻게 회복되고 그들이 정말 복을 받게 될 것인지 영광스러운 미래를 예언하고 있습니다.

새신자에게 성경을 주면서 읽으라고 하면, 대부분 처음인 창세기부터 읽습니다. 창세기와 출애굽기까지는 재미있게 읽을 수 있겠지만, 레위기에 이르면 인내가 부족해질 것입니다. 어떤 사람은 또 신약성경만 읽겠다고 마태복음부터 읽습니다. 마태복음은 예수님의 계보로 시작되는데 족보 읽는 것이 재미있는 사람이 누가 있겠습니까? 그래서 성경을 읽을 때 어떤 관점으로 읽는가가 중요합니다. 복음을 설명한 네 개의 그림은 성경을 쉽게 이해하는 복음의 안경이 됩니다. 이제 우리는 창세기부터 요한계시록까지 성경 어디를 읽어도 이 네 가지 큰 그림으로 볼 수 있습니다.

이 네 가지 큰 그림에서 가장 강조해야 할 것은, 두 번째 그림인 마귀는 거짓말쟁이라는 것입니다. 마귀는 거짓말쟁이다, 마귀가 죄를 짓게 한다, 죄의 값은 사망인데 죄로 말미암아 이런 저주가 왔다, 죄로 말미암아 나라가 멸망 받고 이스라엘 민족이 고난받았다는 이야기가 구약성경에 가득 차 있습니다. 그런 이야기를 읽지 말라는 것이 아니라 초점을 거기에만 두면 안 된다는 것입니다. 이런 저주로부터 빠져나올 수 있는 길을 보여주시고 하나님이 우리에게 답을 주셨다는 것을 강조해야 합니다. 죄와 저주로 말미암아 죽을 수밖에 없는 우리의 인생에 하나님이 주신 답이 바로 예수 그리스도를 보내주신 것입니다. 하나님의 사랑과 그분의 선하심에 대해서 강조하지만, 마귀에게 속지 않는 것과 죄와 죄의 값에 대해서도 경고해야 합니다.

핵심은 이 모든 문제에 대한 답은 하나님이 예수 그리스도를 통해서 우리에게 주셨다는 것이 되어야 합니다. 어떻게 말씀을 전하든지 반드시 그 결론은, 하나님이 답을 주셨고 그 답의 결과가 지금 당신에게도 효과가 있다는 것을 말해 주어야 됩니다.

하나님 아버지로부터 구원이라는 아주 크고 가장 귀한 선물상자를 받은 성도에게 그 안에 무엇이 들어 있는지를 먼저 알려 주어야 합니다. 어린이용 선물상자 안에는 장난감도 있고, 먹을 것도 있고, 껌도 있고, 풍선도 있고, 아이들이 좋아하는 여러 가지가 가득합니다. 최신형 최고급 스마트폰에도 많은 기능이 있고 그 기능을 통해 활용할 수 있는 애플리케이션 프로그램은 엄청납니다. 이와 마찬가지로 예수님이 우리의 구원자가 되시고 주님이 되셨습니다. 죄와 저주로부터 구원받은 것뿐만 아니라 영생을 받고 하나님의 자녀가 되게 하셨습니다. 우리는 이것을 가리켜, 새로운 피조물, 하나님의 자녀로 다시 태어났다고 말했습니다.

이제 구원이라는 선물상자를 열어보려고 합니다. 우리가 하나님의 자녀가 된 것이 도대체 얼마나 좋은 선물인지 공부하려고 합니다. 이 선물상자의 내용물을 잘 알지 못하면, 좋은 선물을 받아 놓고도 잘 사용할 수 없습니다. 우리는 하나님의 자녀가 된 것이 무엇인지 성경 말씀대로 바르게 알아야 합니다. 그 의미를 잘 알지 못하면, 마치 컴퓨터에 대해 아무것도 모르는 사람에게 컴퓨터를 선물하는 것과 같습니다. 컴퓨터를 통해서 재미있는 일을 얼마나 많이 할 수 있는데, 안에 든 것이 무엇인지 모른다면 아무 소용이 없습니다. 스마트폰에 수많은 애플리케이션이 있어서 내가 원하는 것을 얼마든지 구해서 사용할 수 있듯 말입니다.

이처럼 우리는 하나님의 자녀가 된 것이 무엇인지 잘 알아야 합니다. 이것을 모르면, 구원받고 성령을 받고 방언을 해도 영적으로 성장하지 못합니다. 부모에게 가장 가슴 아픈 일은 아이가 아프거나 자라지 않는 것입니다. 아이가 건강하게 성장하는 것이 부모의 큰 기쁨입니다.

우리는 하나님의 자녀로 태어났습니다. 이제는 우리가 무럭무럭 건강하게 자라나야 합니다. 자연적인 성장과 비슷한 부분도 많지만, 영적인 것은 스스로 노력하지 않으면 성장하지 않습니다. 영적 성장을 위해 말씀을 취하는 원리를 어린아이가 젖 먹는 것에 비유했습니다. 태어난 아이가 엄마의 젖을 잘 먹으면 쑥쑥 자라는데, 젖을 잘 안 먹거나 충분히 먹지 못하면 성장에 어려움을 가져오는 것과 마찬가지입니다.

> 때가 오래 되었으므로 너희가 마땅히 선생이 되었을 터인데 너희가 다시 하나님의 말씀의 초보에 대하여 누구에게서 가르침을 받아야 할 처지이니 단단한 음식은 못 먹고 젖이나 먹어야 할 자가 되었도다 이는 젖을 먹는 자마다 어린 아이니 의의 말씀을 경험하지 못한 자요 단단한 음식은 장성한 자의 것이니 그들은 지각을 사용함으로 연단을 받아 선악을 분별하는 자들이니라 (히 5:12-14)

여기 거듭난 지 많은 시간이 지났음에도 성장하지 못한 사람들이 있다고 말씀합니다. 처음에는 젖을 잘 먹었는데, 장성한 자로 성장하지 않고 여전히 어린아이의 상태로 젖만 먹고 있는 상황입니다. 단단한 음식을 감당할 수 없는 영적으로 어린아이와 같은 사람들이 많이 있다는 말씀입니다. 히브리서 5장 13절에는 의의 말씀을 배우지 못해서 그렇다고 했습니다.

하나님의 말씀의 초보적 원리에 대해서 모르거나 의의 말씀을 자기가 직접 경험하지 못하면 늘 영적 어린아이 상태로 머무를 수밖에 없습니다. 그래서 하나님의 말씀의 기초에 대한 중요한 것을 공부해야 합니다. 하나님의 말씀의 기초 중에서 가장 중요한 것은 그리스도인으로서 자신이 누구인지를 아는 것입니다.

새로운 피조물의 모습을 보여주는 거울의 원리

자신의 얼굴 모습을 보려면 거울을 보면 됩니다. 나는 누구입니까? 나는 영이요 혼을 가지고 있고 몸 안에 살고 있습니다. 세상 사람들은 혼과 몸을 가지고 살아가지만, 거듭난 그리스도인은 자신이 영적인 존재라는 것을 먼저 인식하는 것이 중요합니다.

'그리스도인은 누구인가?' 그리스도인은 새로운 피조물입니다. 예수 믿고 거듭났다고 해서 얼굴이 바뀌지 않습니다. 생각도 하루아침에 다 바꿀 수 없습니다. 새로운 피조물이 된 것은 영적으로 죽은 자가 산 자가 되었다는 것입니다. 영적으로는 내가 어떤 존재인지를 어떻게 알 수 있습니까? 신약성경에 기록된 이 새로운 피조물에 대한 계시의 말씀을 보고, 거듭난 자신이 어떤 존재인지 거울로 내 모습을 보듯이 알 수 있습니다.[6] 거울로 얼굴을 보듯이 성경 말씀을 통해서 그리스도인은 영적인 모습을 볼 수 있습니다.

---

6) E. W. 케년, 「나의 신분증」, 믿음의 말씀사, 2013

또 미리 정하신 그들을 또한 부르시고 부르신 그들을 또한 의롭다 하시고 의롭다 하신 그들을 또한 영화롭게 하셨느니라 (롬 8:30)

주는 영이시니 주의 영이 계신 곳에는 자유가 있느니라 우리가 다 수건을 벗은 얼굴로 거울을 보는 것 같이 주의 영광을 보매 그와 같은 형상으로 변화하여 영광에서 영광에 이르니 곧 주의 영으로 말미암음이니라 (고후 3:17-18)

거듭나서 성령 받은 하나님의 자녀들은 성령의 역사로 말미암아 하나님의 말씀을 읽을 때 자기가 어떤 사람인지 알 수 있습니다. 거울을 통해 자신의 얼굴을 보듯이 거듭난 그리스도인은 신약성경을 통하여 그리스도 안에 있는 자신의 모습을 확인할 수 있게 되었습니다.

거듭났지만 나는 아직 변한 것이 없다거나 여전히 평안함이 없다고 느끼는 것은 자신의 혼이 그렇게 느끼고 있는 것입니다. 아이가 태어나면, 엄마 아빠가 제일 먼저 해주는 말이 있습니다. 아기는 말을 못 알아듣지만, 부모는 웃는 얼굴로 아기의 눈동자를 보면서 쓰다듬어주며 예쁘다고 사랑한다고 말합니다. 부모의 사랑의 눈빛과 말을 들은 아이는 세상에 태어나자마자 누군가 자기를 사랑해주고 귀하게 여긴다는 것을 느끼게 됩니다. 이렇게 아이가 태어나자마자 자신이 사랑받는 존재라는 것을 느끼는 것처럼, 영적으로 자신이 그리스도 안에서 하나님께 어떤 존재인지를 발견하는 것입니다.

사람을 사랑하시는 하나님께서 죄인에게 베푸신 최고 사랑의 행위가 바로 예수 그리스도를 죄인을 위한 몸 값ransom, 속량물으로 내어 주심으로서 우리를 구원하신 것입니다. 우리가 하나님의 자녀로 새로운 피조물로 다시 태어날 수 있도록 하신 일입니다. 하나님의 자녀가 된 사람에게 가장 중요한 것이 바로 하나님이 자신을 사랑하신다는 것을 알고 믿는 것입니다.

요한복음 3장 16절은 하나님이 세상을 어떻게 사랑하였으며, 그 결과 어떻게 행동하셨는지를 보여주고 있습니다. 예수 그리스도를 통해서 우리는 하나님의 사랑을 알게 되었습니다. 이 사랑을 알게 되면 우리도 우리의 형제를 사랑하는 사람이 될 수 있습니다. "그가 우리를 위하여 목숨을 버리셨으니 우리가 이로써 사랑을 알고 우리도 형제들을 위하여 목숨을 버리는 것이 마땅하니라"(요일 3:16). 이런 사랑은 너무나 자연스럽고 당연한 것으로서, 이 사랑의 넓이와 길이와 높이와 깊이를 알면 알수록 그리스도의 사랑이 우리를 강권하신다고 바울은 고백했습니다.

> 그리스도의 사랑이 우리를 강권하시는도다 우리가 생각하건대 한 사람이 모든 사람을 대신하여 죽었은즉 모든 사람이 죽은 것이라 그가 모든 사람을 대신하여 죽으심은 살아 있는 자들로 하여금 다시는 그들 자신을 위하여 살지 않고 오직 그들을 대신하여 죽었다가 다시 살아나신 이를 위하여 살게 하려 함이라 (고후 5:14-15)

1. 나는 새로운 피조물이 되었습니다

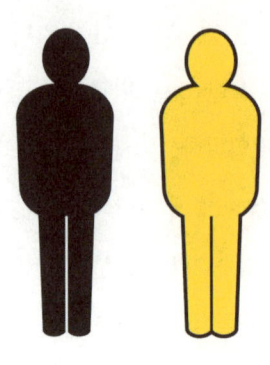

그러므로 우리가 이제부터는 어떤 사람도 육신을 따라 알지 아니하노라 비록 우리가 그리스도도 육신을 따라 알았으나 이제부터는 이같이 알지 아니하노라 그런즉 누구든지 그리스도 안에 있으면 새로운 피조물이라 이전 것은 지나갔으니 보라 새것이 되었도다 (고후 5:16-17)

하나님의 자녀로 거듭난 사람은 새로운 피조물입니다. "보라 새것이 되었도다." 자기 자신을 하나님께서 그리스도 안에서 새로운 피조물로 만드셨다고 하는 그런 존재로 인식하라는 말씀입니다. 과거에 어떤 잘못을 했든지, 어떤 환경에서 자랐든지, 어떤 열등감을 가지고 있든지, 이런 것들은 이제 다 지나갔다는 것입니다. 그리스도인은 거듭나기 전의 어떤 과거의 짐도 가지고 있을 필요가 없습니다. 과거의 죄뿐만 아니라 죄를 지었던 옛 사람도 그리스도와 함께 십자가에서 죽었기 때문입니다. 이제 그리스도인은 그리스도 안에서 완전히 새로운 피조물인 것입니다. 이제 그리스도 안에 있는 새 사람이 되었습니다.

너희가 다 믿음으로 말미암아 그리스도 예수 안에서 하나님의 아들이 되었으니 누구든지 그리스도와 합하기 위하여 세례를 받은 자는 그리스도로 옷 입었느니라 (갈 3:26-27)

침례 받은 새로운 피조물은 그리스도로 옷을 입었다고 말씀하고 있습니다. 하나님은 우리를 그리스도로 옷 입은 자로 보십니다. 거듭나기 전의 옛 모습과 죄는 그리스도의 피로 모두 깨끗하게 되었습니다. 그리스도로 옷 입었다는 말은 하나님이 우리를 보실 때 그리스도를 보시는 것 같이 그렇게 보신다는 의미입니다. 우리는 그리스도의 몸이며, 그리스도의 영이 우리 안에 살고 계십니다. 우리는 그리스도로 옷 입었으므로 그리스도 안에 감추어져 있습니다. 하나님은 우리를 그리스도 안에 있는 존재로 보십니다. 그러므로 우리도 자신을 그리스도 안에 있는 사람으로 봐야 합니다.

신약성경에서 그리스도 안에서 내가 어떤 사람이라고 말하고 있는지 바로 그 말씀으로 나를 보십시오. 그리스도 안에서 나는 누구라고 성경은 말씀하고 있는가? 그리스도 안에서 나는 무엇을 가지고 있다고 성경은 말씀하고 있는가? 그리스도 안에서 나는 무엇을 할 수 있다고 성경은 말씀하고 있는가?

그리스도 안에서 내가 누구인지, 무엇을 가지고 있는지, 무엇을 할 수 있는지를 가장 정확하게 모델로 보여주신 분이 예수 그리스도이십니다. 예수님은 "내가 너희에게 이르는 말은 스스로 하는 것이 아니라 아버지께서 내 안에 계셔서 그의 일을 하시는 것이라"(요 14:10)고 하셨습니다. 예수님은 오직 아버지의 뜻대로 행하고 사셨습니다.

이제 나는 그리스도의 몸이 되었습니다. 그리스도께서 내 안에 살고 있습니다. 신약성경의 네 개의 복음서는 바로 내가 그렇게 생각하고 그렇게 말하고 그렇게 살아야 하는 기준입니다. 치유받기를 갈망하는 혈루병 앓던 여인의 자리가 아니라, 옷을 잡았을 때 치유의 능력이 흘러나가는 예수 그리스도의 자리에 내가 그리스도를 대신하여 있는 모습이 새로운 피조물의 자리입니다. 그러므로 믿는 자가 병든 자에게 손을 얹으면 낫게 될 것이라고 제자들에게 말씀하셨습니다. 바울은 새로운 피조물로서 그리스도를 대신하는 자리에서 그리스도를 대신하는 똑같은 성령의 능력으로 충만하였기 때문에, 사람들이 그가 일할 때 사용하던 앞치마를 가져다가 병든 사람에게 얹으면 그 병이 떠나고 악귀도 나갔습니다(행 19:12).

> 이로써 사랑이 우리에게 온전히 이루어진 것은 우리로 심판 날에 담대함을 가지게 하려 함이니 주께서 그러하심과 같이 우리도 이 세상에서 그러하니라 (요일 4:17)
>
> 우리가 이렇게 담대해지는 것은, 그리스도께서 사신 대로 또한 우리도 이 세상에서 그렇게 살기 때문입니다. (새번역)

By this is love perfected with us, so that we may have confidence for the day of judgement, because as he is so also are we in this world. (ESV)

예수님은 하나님의 아들이므로 사랑이 많으시다, 능력도 많으시다, 이렇게 시인하는 것만이 우리가 할 일이 아닙니다. 이제는 우리가 그리스도 안에 있고 그리스도께서 우리 안에 계십니다. 그리스도께서 두루 다니시며 하신 말씀과 선한 일들이 이제는 우리 안에 그리스도가 우리를 통하여 살아야 할 삶의 표준이 되었습니다. 우리도 그렇게 살 수 있게 되었습니다.

이천 년 전 유대 땅에서 예수님과 같은 시대에 살았던 사람들이 예수님을 만났듯이 우리는 그렇게 예수님을 만날 수 없습니다. 그분의 옷자락도 만질 수 없습니다. 그분의 부활하신 몸은 더 이상 이 땅 위에 계시지 않기 때문입니다. 예수님은 우리를 구원하셔서 우리를 새로운 피조물로 그리스도로 옷 입은 사람으로 만들었습니다. 우리에게 그리스도의 이름을 주셨습니다. 우리가 그리스도의 몸이 되도록 하셨습니다. 예수님이 오실 때는 그리스도의 몸이 하나밖에 없었지만, 이제 모든 그리스도인이 그리스도의 영이 사는 그리스도의 몸이 된 것입니다. 혈루병 앓던 여인이 예수님의 옷을 만지면 나을 것이란 믿음으로 예수님의 옷을 만지는 순간 병이 나았듯이 이제는 그리스도인이 병든 자에게 손을 얹으면 낫게 될 것이라고 말씀하셨습니다. 물론 혈루병 앓던 여인과 같은 확신과 결단하는 믿음이 있어야 하지만, 실제로 이 세상에서 우리가 그런 치유의 능력을 가득 담고 다니는 "성령 충만한 그리스도인"으로 살아가는 것이 주님이 원하시는 새로운 피조물의 모습입니다.

하나님의 생명과 하나님의 영을 받아도 그리스도인의 생각은 각 사람이 하나님의 말씀으로 새롭게 해야 합니다. 이는 우리 속사람인 진정한 나, 거듭난 영인 내가 어떤 존재인지를 성경대로 배우고 생각하고 행동하도록 하는 것입니다. 성경이라는 거울을 통해 자신이 어떤 존재인지를 알고 영적으로 성장하게 되면, 성숙한 열매를 맺는 자신의 모습이 어떤 모습을 하고 있는지를 미리 바라볼 수 있습니다.

마귀는 그리스도인답게 생각하고 말하고 행동하며 사랑하지 못하는 것에 주목하도록 하여 스스로 정죄하며 새로운 피조물로서 기능할 수 없다고 말합니다. 성경이 그리스도 안에서 내가 어떤 존재라고 말하는지 성경이라는 거울을 통해 진정한 자신의 모습을 보십시오. 마귀의 생각을 거절하고 내가 그리스도 안에서 누구인지를 바라보게 될 때 우리는 어느덧 그리스도를 닮아가게 됩니다.

2. 나는 영생을 가지고 있습니다

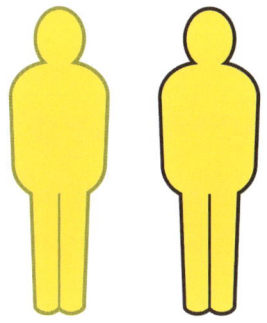
아들이 있는 자에게는 생명이 있고 하나님의 아들이 없는 자에게는 생명이 없느니라 내가 하나님의 아들의 이름을 믿는 너희에게 이것을 쓰는 것은 너희로 하여금 너희에게 영생이 있음을 알게 하려 함이라 (요일 5:12-13)

새로운 피조물은 하나님의 생명을 가진 존재입니다. 하나님이 말씀으로 우리를 다시 낳으셔서 우리는 하나님의 생명과 본성을 가진 새로운 피조물이 되었습니다. 이 영생을 예수 그리스도를 통해서 우리에게 어떻게 주시게 되었는지는 구원에 대한 말씀을 통해서 배웠습니다. 하나님이 우리를 낳으셨기 때문에 우리는 영생을 가지고 있는 것입니다.

요한복음 3장 6절은 "육으로 난 것은 육이요 영으로 난 것은 영이니"라고 했습니다. 우리 몸은 부모님을 통해서 태어났습니다. 그러나 우리의 영은 거듭남으로써 하나님으로부터 태어나 하나님의 생명을 받았습니다. 거듭난 사람은 하나님의 성령으로 말미암아 하나님의 생명을 가지고 있습니다. 이 생명은 하나님의 생명이기 때문에 죽을 수 없는 생명입니다.

예수님은 하나님의 생명을 가지고 태어났습니다. 하나님의 생명은 죽을 수 없는데, 어떻게 예수님은 죽으셨습니까? 예수님이 우리의 죄를 담당하셨기 때문에 죽을 수 있었습니다. 우리의 죄를 가져가셨기 때문에 그 죄의 값을 치르기 위해 죽으셨습니다. 예수님이 스스로 십자가를 지시기 전에 사람들이 예수님을 죽일 수 있었습니까? 폭풍이 왔을 때 예수님을 물에 빠뜨려 죽일 수 있었습니까? 갈릴리 사람들이 벼랑까지 끌고 가서 죽이려고 했을 때, 예수님은 바로 뒤돌아 나오셨습니다.

예수님은 침례 받으심으로 죄인들을 대신하여 죽을 수 있는 죄인의 자리에 서게 되셨습니다. 이렇게 우리의 죄를 지고 우리 대신 우리의 죄의 값을 치르기 위해 예수님은 죽으실 수 있었습니다. 우리의 죗값을 온전히 치르시고 예수님은 부활하셔서 우리에게 영생을 선물로 주셨습니다. 우리는 예수님처럼 십자가 형벌로 죽고 장사되지 않고, 예수 이름으로 침례 받음으로 그분의 죽음에 참여하게 되었습니다. 옛 사람인 죄인을 장사한 후 침례를 통하여 우리는 그분의 부활의 생명에 참여하게 되었습니다. 이제 우리는 하나님의 생명을 가진 새로운 사람이 되었습니다.

> 오직 이것을 기록함은 너희로 예수께서 하나님의 아들 그리스도이심을 믿게 하려 함이요 또 너희로 믿고 그 이름을 힘입어 생명을 얻게 하려 함이니 (요 20:31)

예수님이 하시는 말씀과 하신 일이 세상에 너무나도 많지만 요한이 이 복음서를 쓴 이유는, 바로 예수께서 하나님의 아들 그리스도이심을 믿음으로써 그 이름을 힘입어 영생을 얻는 것이라고 하였습니다. 뿐만 아니라 이 영생은 하나님이 계획한 풍성한 삶을 살 수 있게 하는 능력과 계획을 포함하고 있습니다.

사과 하나에는 사과의 생명이 있습니다. 사과를 땅에 심어 가꾸면 사과나무가 되어 자연의 수명이 다할 때까지 해마다 수많은 사과 열매를 맺습니다. 우리가 받은 영생도 마찬가지로 우리를 향한 하나님의 부르심의 소망을 이루며, 땅 위에서의 수명이 다할 때까지 풍성한 삶을 살도록 합니다. 중요한 것은 잘 가꾸어 최고의 수확을 내는 나무로 시절을 따라 열매를 맺도록 하는 것입니다.

거듭난 우리가 받은 선물은 바로 영원한 생명입니다. 거듭난 그리스도인도 진리의 말씀을 배우지 않으면 자신이 가진 영생이 무엇인지 모르고, 알고 있어도 영생이 자신에게 어떤 유익을 주는지 모를 수 있습니다. 우리가 영생을 가진 것을 믿고 이 부활의 생명이 우리 안에 충만하게 한다면, 우리는 일생을 어떤 병도 걸리지 않고 오래오래 살 수 있습니다. 예수님은 아프신 적도 없고, 치유받으신 적도 없습니다. 예수님은 하나님의 생명으로 충만했기 때문에 어떤 질병도 몸에 와서 머무를 수가 없었습니다. 우리가 하나님의 생명을 가졌다는 것을 알고 믿는다는 것은 이렇게 중요합니다.

> 예수를 죽은 자 가운데서 살리신 이의 영이 너희 안에 거하시면 그리스도 예수를 죽은 자 가운데서 살리신 이가 너희 안에 거하시는 그의 영으로 말미암아 너희 죽을 몸도 살리시리라 (롬 8:11)

그리스도인이 성령을 받으면, 그가 받은 영은 예수를 죽은 자 가운데서 부활시킨 그 성령과 똑같은 영입니다. 예수님이 하시는 말씀은 영이며 생명이기 때문에 예수님은 죽은 지 나흘이 되어 냄새가 나는 나사로도 죽은 자 가운데서 다시 살리셨습니다. 예수님 자신도 같은 성령으로 부활하셨으며 그 성령을 우리에게 주셨습니다. 그 영으로 말미암아 너희 죽을 몸도 살리시리라고 말씀하십니다.

대부분 그리스도인은 '아, 우리도 마지막 날에는 부활할 것입니다.' 라고 미래의 일로 생각하기 쉽습니다. 구원도 마찬가지로 몸의 구원은 미래의 일이지만 우리는 예수를 영접함으로 구원을 받았습니다. 거듭난 순간 우리는 하나님의 생명을 이미 받았습니다. 예수님은 우리가 생명을 얻고 더 풍성히 얻게 하려고 오셨다고 했습니다. 우리가 연약하거나 질병에 걸리는 것은 풍성한 삶이라고 할 수 없습니다. 우리는 건강하고 풍성한 삶을 살 자격이 있습니다. 예수님께서 우리에게 그런 삶을 살 자격이 있도록 값을 지불하셨고, 우리가 건강하고 풍성하게 살도록 할 수 있는 모든 일을 하셨기 때문입니다.

> 그의 신기한 능력으로 생명과 경건에 속한 모든 것을 우리에게 주셨으니 이는 자기의 영광과 덕으로써 우리를 부르신 이를 앎으로 말미암음이라 이로써 그 보배롭고 지극히 큰 약속을 우리에게 주사 이 약속으로 말미암아 너희가 정욕 때문에 세상에서 썩어질 것을 피하여 신성한 성품에 참여하는 자가 되게 하려 하셨느니라 (벧후 1:3-4)

여기 '그의 신기한 능력으로' 라고 되어 있습니다. 생명과 경건에 속한 모든 능력을 우리에게 이미 주셨다고 말씀하십니다. 생명뿐만 아니라 경건에 속한 모든 것도 주셨다고 했습니다. 그리스도인이 이 땅에서 예수님처럼 살 수 있는 능력이 경건에 속한 것입니다. 우리에게 생명과 경건에 속한 모든 것을 주셨기 때문에 우리는 이제 "신성한 성품에 참여하는 자가 되었다"고 말하고 있습니다. 하나님과 같은 성품을 가졌다는 말입니다.

아이는 부모님과 똑같은 DNA를 가지고 태어납니다. 현대과학은 DNA만 가지고도 이 사람이 누구의 자녀인지 알 수 있습니다. 영적으로 우리는 그리스도와 똑같은 DNA를 가지고 있습니다. 이제 신약성경을 읽으면서 그리스도 안에 있는 내가 어떤 존재이며 어떻게 살 수 있는지를 늘 묵상하고 의식하기 바랍니다.

3. 나는 하나님의 의가 되었습니다

하나님이 죄를 알지도 못하신 이를
우리를 대신하여 죄로 삼으신 것은
우리로 하여금 그 안에서
하나님의 의가 되게 하려 하심이라
(고후 5:21)

하나님이 인간을 창조하실 때 인간에 대한 하나님의 계획은 우리를 축복하는 것이었습니다. 세상에 모든 우주 만물들을 만드시고 마지막에 사람을 만드셨습니다. 그리고 사람에게 땅을 정복하고 다스리며 생육하고 번성하라고 말씀하셨습니다. 하나님의 인간에 대한 계획은 정복하고 다스리는 것입니다. 아담과 하와는 바로 그 세상의 왕이었습니다. 절대적인 존재였습니다. 그 시대의 신이라고도 말할 수 있었습니다. 하나님께서 아담을 그렇게 만드셨습니다. 하나님의 아담에 대한 계획, 즉 인간에 대한 계획은 정복하고 다스리라는 것입니다. 하나님의 계획은 한번 세워지면 절대 변하지 않습니다. 지금도 인간을 향한 하나님의 계획은 땅을 정복하고 모든 만물을 다스리는 것입니다.

사람을 사람답게 만드는 생명이 있습니다. 사람의 생명을 가진 인간은 피부색과 관계없이 사람의 본성을 가지고 있습니다. 개를 개답게 만드는 생명이 있습니다. 사냥하는 큰 개도 있고 애완견 같이 작은 개도 있지만, 개가 가지고 있는 공통적인 생명을 가진 것들을 개라고 부릅니다. 예수님이 우리에게 주신 것은 영생이고, 영생은 바로 하나님의 생명입니다. 우리가 예수님을 구주로 영접할 때 우리는 하나님의 생명을 받았습니다. 우리가 받은 그 생명이 영생이라는 생명인데, 그 생명은 하나님과 같은 생명입니다.

　이처럼 하나님이 가진 생명, 하나님을 하나님답게 만드는 생명이 있습니다. 원어로는 '조에ZOE', 영생입니다. 하나님께서는 예수님을 통해 우리에게 영생을 주시려고 예수님을 보내셨습니다. 이 영생은 바로 우리가 하나님의 자녀가 될 수 있는 생명입니다. 하나님의 자녀가 되려면 하나님의 생명을 가지고 있어야 합니다. 사람의 자녀는 사람의 생명을 가지고 있습니다.

　하나님께서 우리에게 영생을 주심으로 말미암아 하나님의 자녀로 만들어 주셨습니다. 그 영생이 하나님의 본성입니다. 그리고 그 하나님의 본성의 특성이 바로 의입니다. 우리가 거듭날 때 영생을 받았다는 것은 우리가 의인이 되었다는 의미입니다. 사람들은 의를 생각할 때 자꾸 행동을 생각합니다. 의에는 두 가지 종류의 의가 있습니다. 구약에 나오는 율법을 지킴으로 말미암아 의인이 될 수 있습니다. 그것은 행동으로 말미암아 율법으로 얻는 의입니다. 그러나 성경은 말하기를 죄의 본성을 가지고 태어난 인간은 아무도 의롭게 살 수 없다고 말하고 있습니다. 로마서 3장 23절은 의인은 하나도 없다고 말합니다. 여기서 의라는 것은 율법으로 말미암은 의를 말한 것입니다. 율법을 지킴으로 말미암아 의로워질 수 있는 사람은 이 세상에 한 사람도 없었습니다. 그래서 하나님께서 다른 방법을 택하셨습니다. 믿음으로 의인이 되는 방법입니다.

> 그러므로 율법의 행위로 그의 앞에 의롭다 하심을 얻을 육체가 없나니 율법으로는 죄를 깨달음이니라 이제는 율법 외에 하나님의 한 의가 나타났으니 율법과 선지자들에게 증거를 받은 것이라 곧 예수 그리스도를 믿음으로 말미암아 모든 믿는 자에게 미치는 하나님의 의니 차별이 없느니라 모든 사람이 죄를 범하였으매 하나님의 영광에 이르지 못하더니 (롬 3:20-23)

율법의 행위로는 어떤 육체도 의롭게 될 수 없다고 말합니다. 그래서 하나님께서 율법 밖으로부터 의를 얻는 방법을 마련하셨습니다. 그것은 예수 그리스도를 믿음으로 말미암아 모든 믿는 자에게 미치는 하나님의 의입니다. 이 의는 선물로 받는 의입니다. 이 의에는 차별이 없습니다.

만약에 율법을 지킴으로써 받는 의라면 율법을 잘 지키는 사람은 더 의롭고, 율법을 덜 지키는 사람은 덜 의로울 것입니다. 그러나 하나님께서는 죄인이 된 인간이 율법을 완전히 지켜서 의롭게 되는 방법은 불가능한 것을 아셨기 때문에, 이제 율법과 상관없이 예수 그리스도를 믿음으로 말미암는 의를 준비하셨습니다.

예수님을 주로 영접하고 받아들일 때 우리는 영생을 받게 되고, 그 영생이라는 생명 안에 의의 본성이 들어 있습니다. 이 선물로 받은 의는 완벽한 의입니다. 영생을 받은 사람들은 똑같은 의를 받았으며 차별이 없습니다. 우리 행동과는 상관이 없는 의입니다. 이런 의를 하나님께서 우리에게 주셨습니다.

그러므로 의를 생각할 때 행동을 생각해서는 안 되는 것은 바로 의가 우리 안에 본성으로 주어지는 것이기 때문입니다. 예수님은 마태복음 12장에서 나무와 열매에 대해서 말씀하셨습니다. 좋은 나무는 좋은 열매를 맺습니다. 나쁜 나무는 나쁜 열매를 맺습니다. 나무는 좋은데 열매만 나쁠 수 없습니다. 사람이 죄를 짓고 나쁜 열매가 나타나는 것은 그가 죄인이기 때문입니다. 나쁜 열매를 좋은 열매로 바꾸고 싶다면, 우리가 다뤄야 할 것은 바로 나무입니다. 그래서 예수님께서 인간의 본성을 바꿀 수 있는 길을 열어 주셨습니다.

예수님은 선한 사람은 안에 선한 것이 있기 때문에 좋은 행동이 나오고, 악한 행동을 하고 악한 말을 하는 사람은 속에 악한 것들이 있기 때문이라고 말씀하셨습니다. 그래서 하나님은 우리 안을 바꾸셨습니다. 구약에서 이스라엘 백성은 하나님을 섬기는 자라 할지라도 죄의 본성을 가지고 있었습니다. 그러나 예수님을 영접하고 거듭난 우리는 의의 본성을 가지고 있습니다. 의로운 자는 안이 의롭기 때문에 의로운 행동을 할 수 있습니다.

의라는 주제를 생각할 때 흔히 사람들이 행동을 생각하지만, 행동은 의의 열매입니다. 의라는 것은 행동이 아니라 바로 본성입니다. 하나님의 임재 앞에 정죄감이나 열등감이 없이 설 수 있는 능력, 혹은 상태를 말합니다.

그가 빛 가운데 계신 것 같이 우리도 빛 가운데 행하면 우리가 서로 사귐이 있고 그 아들 예수의 피가 우리를 모든 죄에서 깨끗하게 하실 것이요 (요일 1:7)

자녀들아 우리가 말과 혀로만 사랑하지 말고 행함과 진실함으로 하자 이로써 우리가 진리에 속한 줄을 알고 또 우리 마음을 주 앞에서 굳세게 하리니 이는 우리 마음이 혹 우리를 책망할 일이 있어도 하나님은 우리 마음보다 크시고 모든 것을 아시기 때문이라 사랑하는 자들아 만일 우리 마음이 우리를 책망할 것이 없으면 하나님 앞에서 담대함을 얻고 무엇이든지 구하는 바를 그에게서 받나니 이는 우리가 그의 계명을 지키고 그 앞에서 기뻐하시는 것을 행함이라 (요일 3:18-22)

말씀이나 성령을 통해 우리의 죄가 드러날 때 우리는 즉시 회개해야 합니다. 그러나 이런 구체적인 책망이 없는 데도 온전한 '사랑과 믿음'으로 행하지 않은 수많은 죄를 찾아서 고백하고 회개하며 용서받아야 하나님 앞에서 의로운 자로 서는 것이 아닙니다. 하나님이 나를 죄인으로 보는 것이 아닙니다. 스스로 책망할 것이 없으면 하나님 앞에서 담대함을 얻게 되는 것입니다. 반대로 내 마음이 나를 책망할 것이 있으면, 하나님 앞에서 담대함을 잃을 뿐만 아니라 마귀를 대적하는 담대함도 약해집니다.

예수님은 의로운 분으로 이 땅에 오셨습니다. 사단은 예수님 앞에 역사할 수 없었습니다. 예수님은 말씀하셨습니다. "이 세상의 임금이 오겠음이라 그러나 그는 내게 관계할 것이 없으니"(요 14:30). 그러므로 거듭난 자는 사단 앞에 담대히 설 수 있습니다. 사단 앞에 담대히 설 수 있는 그 능력이 바로 의입니다. 죄를 짓지 않는 것이 의가 아닙니다. 바르게 사는 것이 의가 아닙니다. 의의 본질은 하나님과 바른 관계가 되는 것입니다. 의는 행위와는 완전하게 구별되어야 하며, 의가 완전한 행동을 하도록 만듭니다.

의는 본성입니다. 본성은 성장할수록 점점 나타나는 것입니다. 강아지가 태어나서 점점 더 개다워집니다. 아기도 사람으로 태어난 직후에는 사람답지 못하지만 점점 사람다워집니다. 여러분이 의인으로 거듭났다면, 영적으로 성장할수록 의로운 행동이 나오는 것은 당연합니다. 바르게 사는 것은 바로 의의 결과입니다.

당장 의롭지 않은 행동을 한다고 해서 우리의 본성이 의롭지 않다고 생각해서는 안 됩니다. 갓난아이가 사람으로 태어나 아직 서서 걸을 수도 없고 말할 수 없다 해도 사람인 것은 분명합니다. 아기가 어릴 때 아무것도 인식하지 못하고, 아무거나 주워 먹고, 강아지보다 못한 행동을 하더라도, 사람의 본성이 개가 되는 것은 아닙니다. 아이는 사람인 것이 분명하므로 시간이 지나면서 성장하면 사람의 본성이 나타날 것입니다. 부모가 적절히 먹이고 훈련시킨다면, 성숙한 아름다운 인간으로 성장하게 될 것입니다. 시간이 지나면 걸음마를 시작하고, 말을 배우기 시작할 것이고, 결국은 달리게 될 것입니다. 아무도 이런 성장을 의심하지 않습니다. 이처럼 거듭난 그리스도인은 의인의 본성을 가지고 있기 때문에 성장할수록 의로운 행동을 하는 것은 당연합니다.

많은 사람이 혼동하는 것은 성경에는 예수를 믿으면 의인이라고 했는데, 그들의 삶을 살펴보면 여전히 의롭지 못한 행동을 하는 것을 알기 때문입니다. 지금 어떤 행동을 하든지 그것 때문에 자신이 의인인 것을 의심해서는 안 됩니다. 그리스도 안에서 의인이 된 것을 계속 인식한다면 결국은 잘못된 행동에서 벗어나게 될 것입니다. 왜냐하면 의인의 삶은 점점 더 의로운 결과를 낳기 때문입니다. 의인에 대해서 좀 더 이해하기 쉽도록 의의 특성에 대해서 함께 나누도록 하겠습니다.

의는 하나님의 본성입니다

> 너희는 유혹의 욕심을 따라 썩어져 가는 구습을 따르는 옛 사람을 벗어 버리고 오직 너희의 심령이 새롭게 되어 하나님을 따라 의와 진리의 거룩함으로 지으심을 받은 새 사람을 입으라 (엡 4:22-24)

우리는 하나님을 따라 창조된 새 사람이 되었습니다. 하나님의 생명을 받은 우리는 하나님의 본성인 의도 함께 받게 된 것입니다. 그러면 하나님께서 어떻게 우리에게 의를 선물로 주셨을까요? 우리는 예수님을 구주로 받아들임으로 믿음으로 의를 받았습니다. 먼저 하나님께서 우리에게 하나님의 생명을 어떻게 주셨는지 살펴보겠습니다.

> 오직 흠 없고 점 없는 어린 양 같은 그리스도의 보배로운 피로 된 것이니라 (벧전 1:19)

우리는 우리의 행위로 말미암아 속량된 것이 아닙니다. 어린 양의 보배로운 피로 된 것입니다. 예수님께서 우리 죄를 위해서 값을 치르셨기 때문에 가능한 것입니다.

> 너희가 거듭난 것은 썩어질 씨로 된 것이 아니요 썩지 아니할 씨로 된 것이니 살아 있고 항상 있는 하나님의 말씀으로 되었느니라 (벧전 1:23)

우리가 다시 태어난 것은 썩을 씨에서 난 것이 아니라 썩지 아니할 하나님의 말씀이란 씨로 된 것이라고 말합니다. 이 세상의 모든 사람의 생명은 남자와 여자로 말미암아 태어나게 되어 있습니다. 생물계의 모든 생명은 씨로부터 시작합니다. 인간의 생명도 남자의 씨로부터 시작됩니다. 남자의 씨로부터 생명이 시작되지만, 이 세상에 물질적인 영역에 몸을 주는 것은 여자의 역할입니다.

예수님이 이 땅에 오실 때를 한번 생각해 보겠습니다. 하나님께서 마리아에게 말씀하십니다. "네가 한 아들을 낳게 될 것이다." 그러나 마리아는 남자를 안 적이 없기 때문에 "나는 남자를 알지 못하는데 어떻게 이런 일이 있겠습니까?" 되묻습니다. 그때 하나님께서 하신 말씀은 "성령이 네게 임하시고 지극히 높으신 이의 능력이 너를 덮으시리니 이러므로 나실 바 거룩한 이는 하나님의 아들이라 일컬어지리라"(눅 1:35)고 하셨습니다. 자연적인 영역에서는 불가능한 일이었습니다. 그러나 하나님의 말씀은 자연적인 영역에서 가능한 일이 아니지만 지극히 높으신 분의 권능으로는 가능한 일이라고 하셨습니다. 그래서 마리아는 "주의 여종이오니 말씀대로 내게 이루어지기 바랍니다."라고 받아들였습니다. 하나님이 말씀하시고, 마리아는 그 말씀을 받아들였습니다. 그리고 마리아는 하나님의 말씀대로 예수님을 잉태하게 되었습니다.

예수님을 잉태케 한 씨는 성령으로부터 온 것이고 하나님의 생명이었습니다. 그 씨는 인간인 마리아 안에서 성장해서 결국 아들을 낳게 되었습니다. 그래서 우리는 예수 그리스도를 하나님의 아들이시며 동시에 사람의 아들이라고 합니다. 생명이 하나님의 성령으로 말미암아 잉태된 것이기 때문에 하나님의 아들입니다.

그 씨가 바로 하나님의 씨이기 때문입니다. 그러나 인간의 몸에서 태어났기 때문에 또한 인간입니다. 이렇게 예수님께서 이 땅에 어떻게 하나님의 생명을 가지고 오셨는지를 우리에게 보여주고 있습니다.

우리가 하나님의 자녀로 거듭나는 것도 똑같습니다. 복음이 선포될 때 우리는 그 복음을 믿음으로 받아들였습니다. 마리아가 천사의 말을 받아들인 것과 같습니다. 복음의 말씀을 받아들일 때 우리는 거듭나게 됩니다. 그것이 바로 베드로전서 1장 23절이 우리에게 말해주고 있는 것입니다. 살아있고 영원히 거하는 하나님의 말씀으로 우리는 거듭났습니다. 또 다른 성경 말씀은 하나님이 우리를 낳으셨다고 말합니다. 낳는다는 것은 자기의 본질(DNA)을 물려주는 것입니다. 한 사람의 DNA는 그 사람이 누구로부터 나왔는지를 추적할 수 있는 과학적인 증거입니다. 왜냐하면 낳을 때만이 유전자 정보가 들어간 DNA를 물려줄 수 있기 때문입니다.

하나님은 말씀으로 우리를 낳으셨습니다. 이렇게 우리는 하나님의 생명을 받을 수 있게 되었습니다. 우리 안에는 하나님의 생명이 흐르고 있습니다. 그 생명의 본성은 의입니다. 우리가 하나님을 아버지라고 부를 때 마치 내가 낳지 않은 입양한 자녀가 나를 아버지라고 부르는 것과는 본질적으로 다릅니다. 하나님이 예수님을 말씀으로 낳으셨듯이 하나님은 우리 한 사람 한 사람을 말씀으로 낳으셨습니다.

본성은 우리가 성장함에 따라 더 온전하게 나타납니다. 말씀을 통해 우리가 성장함에 따라 더욱 의의 본성이 나타납니다. 의의 본성이 점점 나타나면서 우리는 점점 더 생명 안에서 다스리는 자가 될 것입니다. 당장 변하지 않는다고 조급해하지 마십시오. 어린아이가 태어나서 인간다워지는 것을 의심하지 않듯 우리가 의로운 삶을 살아가는 것은 당연합니다. 어린아이가 당장 걷지 못한다고 고민하는 부모는 없습니다. 결국 때가 되면 걸을 것을 알기 때문입니다. 성장한 그리스도인은 삶에서 의의 열매들이 넘치게 증가할 것입니다.

의의 본성이 무엇인지 알고, 그것으로 우리 생각을 바꾸고 성장하는 노력이 필요합니다. 의의 첫 번째 특성은 의가 하나님의 본성이라는 것입니다. 두 번째 특성은 우리는 완전한 의를 받았으므로 점점 더 의로워지는 것이 아니라, 의에 대해 의식이 증가하는 것입니다. 그리스도가 우리의 의가 되셨으므로, 우리가 하나님의 자녀로 거듭날 때 우리는 믿음으로 완전한 하나님의 의를 선물로 받습니다.

한 그리스도인은 아주 의롭게 살아가고 있고, 또 다른 한 사람은 거듭난 지 얼마 안 됐기 때문에 세상 사람과 비슷하게 살아간다고 가정해 봅시다. 첫 번째 의롭게 살아가는 사람이 그렇지 않은 사람보다 더 의롭기 때문에 의롭게 살아가는 것이 아닙니다. 한 사람은 성장하면서 자기가 의인이라는 것을 잘 알고 의로운 행동으로 성장한 사람입니다. 의 의식이 자란 것입니다. 그러나 다른 한 사람은 방금 거듭났기 때문에, 완전한 의를 선물로 받고 하나님 보시기에 완전한 의인이지만 그는 의인과 같이 행동하는 방법을 잘 모릅니다. 그가 받은 의의 선물이 부족해서가 아니라 그리스도 안에 있는 자신이 의로운 자라는 인식이 부족하기 때문입니다. 이처럼 우리는 완전한 의를 선물 받았습니다.

의인으로서 완전한 모델은 예수 그리스도입니다. 그분도 우리와 똑같은 의를 가지고 사셨습니다. 그러나 예수님은 그 의를 인식하셨고 의롭게 행동하셨습니다. 우리 의인들이 성장했을 때 최고의 모습을 보여주셨습니다. 예수님은 모든 상황을 다스리셨습니다. 폭풍이 오면 폭풍을 잠잠하게 하셨고 어떤 질병도 예수님께 역사할 수 없었습니다. 예수님이 나타나면 귀신은 정체가 드러나서 도망갔습니다. 이것이 완전한 의 의식을 가지고 있는 의인의 모습입니다. 우리는 지금부터 자라서 완전한 의 의식의 자리까지 나아가야 합니다. 우리가 성장할 때 의의 열매는 증가합니다.

그리스도가 우리의 의입니다

> 너희는 하나님으로부터 나서 그리스도 예수 안에 있고 예수는 하나님으로부터 나와서 우리에게 지혜와 의로움과 거룩함과 구원함이 되셨으니 (고전 1:30)

예수님이 바로 우리의 의이십니다. 우리가 예수님을 받아들였다면 그것은 바로 의를 받은 것입니다. 우리가 예수님을 받아들였다면 우리는 지혜를 받은 것입니다. 예수님을 받아들였다면 우리는 거룩함을 받은 자들입니다. 예수님을 받아들였다면 우리는 속량 받았습니다. 하나님께서 우리를 보실 때 우리는 의롭고 거룩한 자입니다.

의는 하나님이 값없이 주시는 선물입니다

주는 자의 호의에 따라 받는 자는 아무런 조건 없이 받을 수 있는 선물입니다.

너희는 그 은혜에 의하여 믿음으로 말미암아 구원을 받았으니 이것은 너희에게서 난 것이 아니요 하나님의 선물이라 (엡 2:8)

그리스도인은 하나님의 의입니다

하나님이 죄를 알지도 못하신 이를 우리를 대신하여 죄로 삼으신 것은 우리로 하여금 그 안에서 하나님의 의가 되게 하려 하심이라 (고후 5:21)

하나님은 자녀들이 하나님의 의를 나타내 주기를 원하십니다. 하나님의 의를 나타낸다는 것은 사람들이 우리의 삶을 보면서 하나님이 의로우심을 볼 수 있다는 것입니다. 어떤 사람이 골프 대회에 나가서 우승하여 트로피를 받고 집으로 가지고 와서 거실에 진열해 놓았다고 생각해 봅시다. 어느 날 이웃들이 방문했을 때, 그들은 경기하는 것을 직접 보지 못했지만, 트로피를 보면서 그 사람이 우승했다는 것을 알 수 있습니다. 왜 그렇겠습니까? 바로 그 트로피 때문입니다.

세상 사람들은 하나님을 볼 수 없습니다. 하나님에 관해 말해도 믿으려고 하지 않습니다. 그러나 하나님의 자녀들의 삶에 나타나는 하나님의 영광을 보면 하나님이 어떤 분이신지를 알 수 있습니다. 우리는 하나님의 의를 나타내고 있습니다. 하나님께서 얼마나 위대하시며, 얼마나 선하시며, 얼마나 의로우시며, 얼마나 온전한 분이신지를 우리의 삶을 통해서 나타냅니다.

의는 하나님의 생명의 본성입니다

우리는 복음의 말씀을 받아들인 믿음으로 새롭게 탄생하여 의롭게 되었습니다. 의는 본성이라고 했습니다. 우리가 영생을 받았다는 것은 하나님의 생명을 받은 것이고, 하나님은 우리를 낳으셨습니다. 본성이 주어지는 것은 탄생으로만 가능합니다. 본성이 바뀔 수 있는 다른 방법은 없습니다. 새롭게 탄생하는 것입니다. 그 새로운 탄생을 성경에서 말하는 용어로 거듭났다고 말합니다. 사람이 어떻게 거듭날 수 있습니까? 니고데모가 요한복음 3장에서 예수님께 물었던 질문입니다.

니고데모는 사람이 첫 번째 태어난 것은 이해할 수 있었습니다. 어머니의 모태에서 태어나는 것이 첫 번째 탄생입니다. 그런데 어떻게 거듭날 수 있습니까? 우리가 복음을 듣고 예수님을 구원자와 주님으로 받아들일 때 하나님이 말씀으로 우리를 낳으십니다. 그래서 우리는 말씀으로 믿고 거듭나게 된 것입니다. 당신은 거듭났습니까? 우리는 예수님을 주님으로 받아들이므로 거듭났습니다. 하나님의 생명으로 거듭났습니다. 하나님의 생명으로 거듭날 때 우리가 받은 본성이 의입니다. 그러므로 의는 나의 생명의 본성입니다.

> 죄의 삯은 사망이요 하나님의 은사는 그리스도 예수 우리 주 안에 있는 영생이니라 (롬 6:23)

> 한 사람의 범죄로 말미암아 사망이 그 한 사람을 통하여 왕 노릇 하였은즉 더욱 은혜와 의의 선물을 넘치게 받는 자들은 한 분 예수 그리스도를 통하여 생명 안에서 왕 노릇 하리로다 (롬 5:17)

이 생명과 의에 대한 지식과 확신이 넘치는 사람, 즉 '은혜와 의의 선물을 넘치게 받은 사람'의 미래는 밝습니다. 그는 생명 안에서 왕 노릇 한다고 하였습니다. 성경은 "의인의 길은 돋는 햇살

같아서 크게 빛나 한낮의 광명에 이른다"(잠 4:18)고 말씀했습니다. 아침 해는 점점 더 밝아져서 정오에는 한낮의 빛에 이릅니다. 의인의 삶도 그렇습니다. 지금 나름대로 신앙생활 하면서 어느 정도 능력 있는 삶을 살고 있다고 해도, 그 능력은 점점 증가할 수 있습니다. 점점 더 밝은 하나님의 영광 가운데 살 수 있습니다. 마침내 우리가 이 땅을 떠날 때 하나님의 완전한 영광으로 들어갑니다. 이것이 의인의 삶입니다. 이렇게 의인의 미래는 밝습니다.

우리는 이렇게 고백하며 의 의식을 강화할 수 있습니다. "하나님께서 나에게 영생을 주셨습니다. 내가 가진 하나님의 생명은 의의 본성을 가지고 있습니다. 내게 은혜를 주시고 의의 선물을 주셔서 감사합니다. 나는 의의 선물을 넘치게 받아서 누리므로 세상에서 세상 사람들과 같이 살지 않고 영생과 의의 선물을 가진 사람답게 살 것입니다. 나는 이 생명과 의가 나의 삶에 자연스럽게 나타나는 삶을 살 것입니다. 나는 오늘도 떠오르는 해와 같이 생명과 의가 충만한 삶을 살도록 내 안에 있는 생명과 의를 의식하며 살겠습니다! 아멘!"

4. 나는 하나님의 상속자입니다

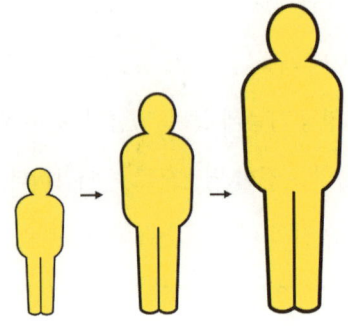

자녀이면 또한 상속자 곧 하나님의 상속자요 그리스도와 함께 한 상속자니 우리가 그와 함께 영광을 받기 위하여 고난도 함께 받아야 할 것이니라 (롬 8:17)

신약성경은 거듭난 사람이 어떤 존재인지를 보여주고 있습니다. 그리스도 안에 있음으로써 새로운 피조물이 되도록 하나님이 만드셨습니다. 그리스도인이 받은 하나님의 생명은 믿는 자에게 하나님이 주신 것입니다. 하나님의 자녀가 되었기 때문에 동시에 하나님의 상속자가 되었습니다.

너희가 그리스도의 것이면 곧 아브라함의 자손이요 약속대로 유업을 이을 자니라 (갈 3:29)

자녀는 아버지의 이름과 재산을 물려받는 상속자입니다. 아브라함은 부자였고 나이도 많았지만 아들이 없었습니다. 세상을 떠나게 되면 이 모든 유산을 물려줄 상속자가 없었습니다. 그는 하나님 앞에 상속자를 구하여 아들 이삭을 얻었습니다.

그리스도께서 우리를 위하여 저주를 받은 바 되사 율법의 저주에서 우리를 속량하셨으니 기록된 바 나무에 달린 자마다 저주 아래에 있는 자라 하였음이라 이는 그리스도 예수 안에서 아브라함의 복이 이방인에게 미치게 하고 또 우리로 하여금 믿음으로 말미암아 성령의 약속을 받게 하려 함이라 (갈 3:13-14)

아브라함의 믿음의 계보를 이은 야곱과 그의 아들들을 통한 이스라엘 열두 지파의 이야기는, 자녀이며 상속자인 사람의 신분에 따르는 삶을 보여줍니다. 새 언약의 수혜자인 신약의 성도들은 그리스도를 통하여 아브라함의 복을 받은 똑같은 상속자로서 구약성경을 읽어야 합니다. 이렇게 복음의 관점으로 구약성경을 읽으면 우리는 실제적인 자녀와 상속자, 민족과 나라로서의 사명을 배울 수 있습니다.

아이가 걸을 때가 되면 신발을 사주고, 자전거 탈 시기가 되면 세발자전거를 사주고, 조금 더 크면 두발자전거도 사주고, 스무 살 넘어서 운전할 나이가 되면 차도 사줄 수 있습니다. 학교를 졸업하고 아버지 사업을 직접 배울 수 있도록 입사하여 낮은 자리에서부터 훈련을 받도록 합니다. 충분한 훈련을 받아 경영능력을 갖추게 되면 아버지는 최고 경영자의 자리를 물려주어 재산과 경영권을 자녀에게 상속합니다. 어릴 때는 상속자의 신분을 가지고 있지만, 자라남에 따라 부모는 자녀에게 상속자의 권리를 사용하도록 허락합니다.

이처럼 그리스도인은 영적으로 성장하면서 점점 더 사명을 감당하게 됩니다. 주변 사람들에게 복음을 전하고 그리스도의 제자로 성장하도록 훈련함으로써 더 많은 영혼을 섬길 수 있게 됩니다. 재물을 얻을 수 있는 능력이나 관리하는 능력도 마찬가지입니다. 하나님이 주신 귀한 재물을 잘 관리하여 하나님께 신뢰를 얻으면 더 많은 것을 맡겨 주실 것입니다. 그리스도인이라면 지금은 비록 어릴지라도 자신이 하나님의 상속자인 것을 알고 아버지의 기업을 물려받는 성장한 상속자로 성장하는 것을 기대해야 마땅합니다.

5. 나는 하나님의 자녀의 권세를 가졌습니다

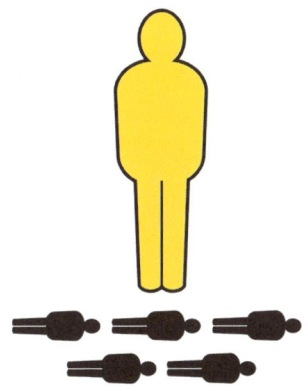

허물로 죽은 우리를
그리스도와 함께 살리셨고
(너희는 은혜로
구원을 받은 것이라)
또 함께 일으키사
그리스도 예수 안에서
함께 하늘에 앉히시니
(엡 2:5-6)

우리 주 예수 그리스도의 하나님, 영광의 아버지께서 지혜와 계시의 영을 너희에게 주사 하나님을 알게 하시고 너희 마음의 눈을 밝히사 그의 부르심의 소망이 무엇이며 성도 안에서 그 기업의 영광의 풍성함이 무엇이며 그의 힘의 위력으로 역사하심을 따라 믿는 우리에게 베푸신 능력의 지극히 크심이 어떠한 것을 너희로 알게 하시기를 구하노라 (엡 1:17-19)

이 기도에서 우리는 중요한 네 가지 주제를 찾을 수 있습니다. 첫째는 지혜와 계시의 영으로 하나님을 아는 것이고, 두 번째는 하나님을 알게 되었으면 자신을 구원하신 하나님의 자신을 향한 부르심의 소망을 아는 것입니다. 세 번째는 주님은 우리가 얼마나 풍성한 삶을 살 수 있도록 하셨는지 아는 것입니다. 네 번째는 믿는 우리에게 베푸신 능력의 지극히 크심이 어떠한지를 아는 것입니다.

> 그의 능력이 그리스도 안에서 역사하사 죽은 자들 가운데서 다시 살리시고 하늘에서 자기의 오른편에 앉히사 모든 통치와 권세와 능력과 주권과 이 세상뿐 아니라 오는 세상에 일컫는 모든 이름 위에 뛰어나게 하시고 또 만물을 그의 발 아래에 복종하게 하시고 그를 만물 위에 교회의 머리로 삼으셨느니라 교회는 그의 몸이니 만물 안에서 만물을 충만하게 하시는 이의 충만함이니라 (엡 1:20-23)

이어서 20-23절은 믿는 우리에게 베푸신 그 능력이 어떤 것인지 설명하고 있습니다. 하나님의 능력은 그리스도 안에서 역사하사 죽은 자들 가운데서 다시 살리신 능력입니다. '십자가와 부활'에 이어서 '하늘에서 자기의 오른편'에 앉히신 것까지 말씀하고 있습니다. 간단하게 상징적인 "십자가"나 "부활"만 언급하지 않고 그분의 죽음, 장사됨, 부활, 승천까지 네 과정으로 설명한 것은 그리스도의 권세를 전체적으로 이해하는 데 도움이 됩니다.

에베소서 1장 21절부터 22절까지는 하나님의 능력이 얼마나 큰지를 설명하고 있습니다. 미국 대통령은 세계에서 가장 강한 나라의 군대를 움직일 수 있습니다. 그러나 하나님은 그리스도께

권세와 능력과 주권과 이 세상뿐 아니라 오는 세상에 일컫는 모든 이름 위에 뛰어나게 하시고, 만물을 그의 발아래 복종하게 하셔서 그를 만물 위에 교회의 머리로 삼으셨다고 하였습니다. 그리스도를 모든 피조물들이 복종할 수밖에 없는 권세의 자리인 하나님 보좌 우편에 앉히셨습니다.

이런 권세를 가지신 분이 만물 위에 교회의 머리가 되셨습니다. 그리스도인은 침례를 받음으로써 성령 안에서 그리스도의 몸의 지체가 되며 예수 그리스도는 머리가 되셨습니다. 성도가 주님께 순종하는 것은 그리스도의 몸으로서 기능하고 있는 것입니다.

> 그는 허물과 죄로 죽었던 너희를 살리셨도다 (엡 2:1)
>
> 여러분도 전에는 허물과 죄로 죽었던 사람들입니다 (새번역)
>
> (And you) were dead in the trespasses and sins (ESV)

이어서 에베소서 2장으로 연결되는데 ESV 영어 성경에는 '그리고And you'라고 되어 있습니다. 물론 헬라어 원문에도 여기에 '그리고'가 있습니다. 그러나 'and you'가 대부분의 성경에는 빠져 있습니다. 대부분 성경에는 '살리셨도다'가 작은 글씨로 되어 있습니다. 원문에는 없는 것을 보충했다는 표시로 이탤릭체로 되어 있기도 합니다. 허물로 죽었던 '너희도' 예수와 함께 살리셔서 하나님 보좌 우편에 앉히셨다는 말입니다. 오른편이란 것은 권세와 능력의 자리를 상징하는 것인데, 바로 에베소서 1장 21절, 22절 "이 세상의 모든 권세와 오는 세상의 모든 권세 위에 더 뛰어난 권세의 자리에 앉히셨다"는 이야기를 설명하고 있습니다. 교회의 머리로 주셨다고 했는데, 23절은 바로 교회가 무엇인지 설명하고 있습니다. 그러니까 21절부터 23절까지는 괄호 안에 묶어놔도 아무 문제가 없습니다. "마찬가지로 너희도 그와 함께 죽었고 너희도 그와 함께 살리셨다." 너무 멀리 떨어져 놓으니까 'And'를 보충해서 이해를 도운 것입니다.

> 그 때에 너희는 그 가운데서 행하여 이 세상 풍조를 따르고 공중의 권세 잡은 자를 따랐으니 곧 지금 불순종의 아들들 가운데서 역사하는 영이라 전에는 우리도 다 그 가운데서 우리 육체의 욕심을 따라 지내며 육체와 마음의 원하는 것을 하여 다른 이들과 같이 본질상 진노의 자녀이었더니 (엡 2:2-3)

2장 2절부터 3절도 괄호 안에 넣어도 됩니다. "죄와 허물로 죽었던 너희를 살리셨도다." 여기서는 죄와 허물로 죽은 상태가 어떤 상태인지 또 설명하고 있습니다. 로마서 1장에는 길게 설명했지만 여기는 두 절을 가지고 간단하게 설명했습니다. 죄와 허물로 죽은 자, 영적으로 거듭나지 못한 이 세상의 모든 불신자, 죄인들의 상태를 가리킵니다.

긍휼이 풍성하신 하나님이 우리를 사랑하신 그 큰 사랑을 인하여 허물로 죽은 우리를 그리스도와 함께 살리셨고 (너희는 은혜로 구원을 받은 것이라) 또 함께 일으키사 그리스도 예수 안에서 함께 하늘에 앉히시니 이는 그리스도 예수 안에서 우리에게 자비하심으로써 그 은혜의 지극히 풍성함을 오는 여러 세대에 나타내려 하심이라 (엡 2:4-7)

여기까지 2장 6절에 그와 함께 장사된 바 되었다가 그와 함께 일으켜진 죽음과 부활을 같이 이야기하고 있습니다.[7] 그래서 '함께'라는 단어는 '일으키사'에도 연결되어 있고, 또 '앉히셨다'까지 계속 연결되어 있습니다. 이렇게 하신 이유, 즉 우리에게 하나님의 상속자 신분과 권세를 주시고 이 땅에 보내신 이유를 7절이 설명함으로써 이 중요한 메시지는 마무리됩니다. "그것은, 하나님께서 그리스도 예수 안에서 우리에게 자비로 베풀어주신 그 은혜가 얼마나 풍성한지를 장차 올 모든 세대에게 드러내 보이시기 위함입니다."(엡 2:7, 새번역)

---

[7] 케네스 E. 해긴, 「믿는 자의 권세」, 믿음의 말씀사, 2000, 65-74쪽

6. 나는 사탄을 이겼습니다

자녀들아 너희는
하나님께 속하였고
또 그들을 이기었나니
이는 너희 안에 계신 이가
세상에 있는 자보다
크심이라 (요일 4:4)

　세상에 있는 마귀의 도구가 되는 어떤 권세나 피조물도 우리 안에 계신 그리스도를 이길 수 없습니다. 이제는 우리 안에 있는 분이 세상에 있는 어떤 자보다 크기 때문에 우리는 늘 승리자로 살 수 있습니다. 이렇게 살기 위해서 대단한 영적인 성장을 이루어야 하는 것이 아닙니다.

　거듭난 사람은 이미 하나님께 속한 사람입니다. 거듭난 사람 안에는 그리스도께서 사십니다. 그리스도인 안에 계신 그리스도는 세상에 있는 어떤 피조물보다 크신 분입니다. 이 진리를 알고 믿는다면 우리는 세상에서 항상 승리하며 살 수 있습니다. 다른 조건은 없습니다. 이 진리의 말씀으로 자신이 충분히 설득되어져야 합니다. 이것을 믿어야 합니다. 이것을 항상 의식하고 살아야 합니다.

　'내가 이것을 할 수 있을까, 과거에는 내가 이것을 하다가 실패

했는데, 나보다 더 나은 사람도 실패하는데 나는 할 수 없을 거야.' 이런 사람들은 바로 자신의 실패한 경험을 의식하는 것입니다. '저렇게 믿음 좋은 사람도 실패하는데 나 같은 사람이 할 수 있을까.' 이것은 말씀이 아니라 다른 사람의 겉모습만 보고 자신도 육신적으로만 인식함으로써 패배의식을 갖는 것입니다. 내 안에 계신 그리스도가 세상에 있는 어떤 피조물의 능력보다 크다는 것을 의식하고, 말씀대로 믿음으로 행할 때 그리스도인은 예수님처럼 이기고도 남는 삶을 살 수 있습니다.

> 그러나 이 모든 일에 우리를 사랑하시는 이로 말미암아 우리가 넉넉히 이기느니라 (롬 8:37)

잔 레이크John G. Lake, 1870-1935라는 남아공에서 사역한 미국 선교사가 있었습니다. 그의 사역에는 놀라운 기적들이 많이 일어났습니다. 한번은 어떤 지역에 전염병이 돌아서 너무나 많은 사람이 죽어서 죽은 사람들의 장례를 치르고 돌봐줄 사람이 부족할 정도였다고 합니다.

다른 사람들은 전염병이 두려워서 그 지역에 가지 못했지만, 레이크 선교사는 자신 안에 그리스도를 의식하고 있었기 때문에 두려워하지 않고 그곳에 가서 전염병 환자들을 다 섬기고 전염병에 걸리지 않고 나왔습니다. 레이크 선교사 안에는 그리스도가 계셨고, 그리스도는 어떤 질병보다 크다는 것을 그는 의식했습니다. 그는 자기 안에 있는 하나님의 생명을 항상 의식했습니다. 하나님의 생명으로 충만한 자신은 전염병에 걸릴 수 없다는 것을 확신했습니다. 그는 하나님의 생명을 늘 의식했을 뿐만 아니라 자신 안에 계신 이가 세상에 있는 자보다 크다는 말씀을 믿고 있었습니다.

> **통치자들과 권세들을 무력화하여 드러내어 구경거리로 삼으시고 십자가로 그들을 이기셨느니라 (골 2:15)**

예수님은 이 세상의 모든 통치자와 권세들을 이기신 분이십니다.[8] 세상의 모든 권세를 다 무장해제시켰다고 했습니다. 죽음을 이기신 분이 예수 그리스도이십니다. 우리는 바로 그 예수님을 구원자와 주로 믿고 그리스도의 몸이 되었습니다. 주님이신 그리스도께서 우리의 머리이므로 우리가 주님께 순종할 때 만물도 우리에게 순종해야 마땅합니다. 이제 우리는 예수님이 승리하신 것과 같은 승리를 누릴 수 있게 되었습니다. 예수님의 승리에 그리스도인이 어떻게 참여할 수 있습니까?

> **무릇 하나님께로부터 난 자마다 세상을 이기느니라 세상을 이기는 승리는 이것이니 우리의 믿음이니라 (요일 5:4)**

---

8) 케네스 E. 해긴, 「믿는 자의 권세」, 믿음의 말씀사, 2000, 152-157쪽

우리의 믿음이 승리를 가져온다고 했는데 누가 이런 믿음을 가질 수 있습니까? 하나님으로부터 난 자는 누구나 세상을 이긴다고 했습니다. 하나님은 우리가 거듭나는 순간 세상을 이기는 자로 만드셨습니다. 세상 환경을 이길 수 있는 권세를 우리에게 주셨습니다. 세상에서 왕 노릇 하며 다스릴 수 있는 능력을 우리에게 주셨습니다. 세상을 이기시고 사망 권세를 이기신 승리하신 그리스도가 우리 안에 계시기 때문입니다. 이것을 인식하고 내 안에 계신 그리스도와 하나가 되어 살 때, 예수님이 사셨던 삶과 같은 삶을 우리도 살 수 있습니다.

> 또 우리 형제들이 어린 양의 피와 자기들이 증언하는 말씀으로써 그를 이겼으니 그들은 죽기까지 자기들의 생명을 아끼지 아니하였도다 (계 12:11)

예수 그리스도의 속량 사역을 '어린 양의 피'라는 한마디로 말씀했습니다. 예수 그리스도께서 이루신 구원이 나를 어떤 사람이 되게 했는지, 구원받은 사람으로서 나는 어떤 권세를 가지고 있는지, 예수 그리스도로 말미암아 구원받은 나는 무엇을 할 수 있는지, 우리는 이것을 알고 있습니다.

어린 양의 피가 증거하는 속량의 사건뿐만 아니라 자기들이 증언하는 말씀으로 마귀를 이긴다고 했습니다. '자기들이 증언하는 말씀'은 이 진리의 말씀을 내가 마음으로 믿고 입으로 말하는 증언입니다. 구원받은 하나님의 자녀에게 약속하신 것을 내가 믿음으로 취하는 것입니다. 내 입으로 내가 증언하는 만큼 우리는 누릴 수 있습니다. 스스로 믿고 자기 입으로 선언함으로써 주장하지 않으면 누릴 수 없습니다. 어린 양의 피, 바로 예수님의 구원만으로 되는 것이 아니라 은혜로 주신 것들을 각 사람이 믿음으로 취해야 합니다. 진리를 시인하고, 자기가 인정하고, 자기가 선포하는 만큼 구원받은 자의 유익을 누리게 됩니다. 이것이 바로 세상을 이기는 믿음입니다.

구원의 투구와 성령의 검 곧 하나님의 말씀을 가지라 (엡 6:17)

에베소서 6장 11절부터 군인이 완전무장한 모습을 보여주고 있습니다. 구원의 투구에서부터 마지막 몸 전체를 방어할 수 있는 믿음의 방패도 있습니다. 그러나 아무리 장비를 갖추고 있어도 방어만 해서는 어떤 전투도 이길 수 없습니다. 적을 제거하거나 무력화하려면 반드시 공격해야 됩니다. 그리스도인에게 공격 무기는 성령의 검, 곧 하나님의 말씀입니다.

어린 양의 피로 우리를 완전히 구원하셨다 하더라도, 마귀가 하는 어떤 거짓말이나 낙심시키는 사람들의 말은 각자가 성령의 검, 즉 하나님의 말씀으로 대적해야 합니다. 의사들의 말을 마지막 선언으로 받아들이지 말고, "그가 채찍에 맞음으로 내가 나음을 입었다"(벧전 2:24)는 말씀으로 진리를 믿음으로 믿음의 싸움에서 승리할 수 있습니다.

사단의 무기는 거짓말입니다. 모든 거짓말을 무엇으로 이길 수 있습니까? 진리의 말씀으로 이길 수 있습니다. 어둠은 무엇으로 이길 수 있습니까? 빛으로 이길 수 있습니다. 사단의 모든 거짓말은 성령의 검, 바로 하나님의 말씀으로 이길 수 있습니다. 그러므로 말씀을 잘 알고 있는 것은 마귀를 물리칠 수 있는 좋은 무기를 잘 사용할 줄 아는 것입니다.

> 이제는 우리 구주 그리스도 예수의 나타나심으로 말미암아 나타났으니 그는 사망을 폐하시고 복음으로써 생명과 썩지 아니할 것을 드러내신지라 (딤후 1:10)
>
> and which now has been manifested through the appearing of our Savior Christ Jesus, who abolished death and brought life and immortality to light through the gospel (ESV)

그리스도의 복음은 죄인을 지배해왔던 사망을 제거해 버리고 우리에게 하나님의 생명인 영생을 주셨습니다. 우리가 받은 이 생명은 썩지 않고 죽지 않는 생명임을 예수 그리스도의 부활로 증명해 주셨습니다.

> 근신하라 깨어라 너희 대적 마귀가 우는 사자 같이 두루 다니며 삼킬 자를 찾나니 너희는 믿음을 굳건하게 하여 그를 대적하라 이는 세상에 있는 너희 형제들도 동일한 고난을 당하는 줄을 앎이라 (벧전 5:8-9)

베드로는 우리에게 정신 바짝 차리고 깨어 있으라고 했습니다. 마귀에게 속을 정도로 복음에 무지한 자가 되지 말고, 눈에 보이는 환경에 겁먹지 말라는 말입니다. 그리스도인이 고의로 죄를 짓고 회개하지 않으면 마귀의 정죄에 노출됩니다. 말씀을 묵상하여 내 영에 장착하지 않으면 사람의 말과 세상적인 방법에 흔들리게 됩니다. 육신의 정욕은 영을 거스르므로 영을 따라 살지 못하도록 끝까지 방해합니다. 이렇게 마귀는 두루 다니며 자기가 삼킬 자를 찾고 있습니다.

모든 문을 다 열어 놓아야만 도둑맞는 것이 아닙니다. 많은 문 가운데 창문 하나만 열려 있어도 그 문을 통해서 도둑은 들어올 수 있습니다. 그러므로 마귀가 틈을 타지 못하도록 항상 깨어 있으라고 했습니다. 마귀의 거짓말에 속지 않도록 진리의 말씀으로 항상 자신의 영혼을 먹여야 합니다.

> 너희 자신을 종으로 내주어 누구에게 순종하든지 그 순종함을 받는 자의 종이 되는 줄을 너희가 알지 못하느냐 혹은 죄의 종으로 사망에 이르고 혹은 순종의 종으로 의에 이르느니라 (롬 6:16)

7. 나는 신성한 건강을 누리며 병을 고칠 수 있습니다

친히 나무에 달려 그 몸으로
우리 죄를 담당하셨으니
이는 우리로 죄에 대하여 죽고
의에 대하여 살게 하려 하심이라
그가 채찍에 맞음으로 너희는
나음을 얻었나니 (벧전 2:24)

　복음을 듣고 믿고 침례를 받는 사람은 구원을 얻을 것이며, 믿는 자들은 예수 이름으로 귀신을 쫓아내고 새 방언을 말할 뿐만 아니라 병든 사람에게 손을 얹으면 낫는 표적들이 있을 것이라고 했습니다. 예수 그리스도는 영과 혼과 몸의 모든 문제를 해결하신 구원자입니다. 우리의 영·혼·몸의 구원을 받기 위해서 우리가 더 할 일은 없습니다.[9] 우리에게 필요한 것은 오직 예수께서 죄와 사망의 문제를 완전히 해결하셨다는 것을 믿는 믿음입니다. 뿐만 아니라 이제는 죄와 사망의 법이 아니라 생명의 성령의 법을 따라 살 수 있는 새로운 피조물이 되었다는 것을 알게 되었습니다. 하나님의 자녀의 신분과 권세를 알고 누리게 해 주셨습니다.

---

9) T. J. 맥크로산(케네스 E. 해긴 개정), 「몸의 치유와 속죄」, 믿음의 말씀사, 2011

그리스도께서 십자가에 죽으시고 부활하신 것에 대해 말하면서 베드로는 한 가지를 따로 언급했습니다. 예수님께서 친히 나무에 달려 그 몸으로 우리 죄를 담당하셨지만, 예수님이 나무에 달리기 전에 채찍에 맞으신 것을 따로 언급하고 있습니다. 그분이 직접 자기 몸으로 십자가에 달리셨을 뿐만 아니라 십자가를 지기 전에 채찍에 맞았다는 것입니다. 십자가 형벌은 죄인을 죽도록 하는 수단이지만 채찍을 때리는 것은 몸에 가하는 고통을 극대화하는 수단이었습니다.

왜 예수님께서 이렇게 채찍에 맞으시고, 친히 십자가에 못 박히는 끔찍한 형벌을 받게 되었을까요? 그 이유는 바로 예수님이 채찍에 맞음으로 우리가 나음을 얻을 수 있었기 때문입니다. 우리의 모든 질병의 고통을 예수님이 감당하시기 위하여 친히 채찍에 맞으셨습니다.

예수님께서 십자가에서 그 영혼이 몸을 떠난 후에 죽은 자들이 가야 하는 지옥에 가신 것이 죽은 자들의 죄의 값인 사망의 값을 치른 것이라면, 살아서 병들어 몸으로 고통받는 사람들을 위해서는 "그분이 채찍에 맞음으로 너희가 나음을 얻었다"고 분명하게 밝혀 주고 있습니다. 이것은 모든 병든 자에게 가장 기쁜 소식입니다. 질병은 우리가 몸으로 받는 고통이기 때문에 예수님께서 몸으로 고통을 대신 다 받으셨습니다. 사람이 몸으로 받을 수 있는 모든 고통을 예수님이 우리 대신 받으신 것입니다.

성경은 우리에게 선포합니다. 그분이 채찍에 맞으셨기 때문에 너희는 나음을 입었다. 그분이 지옥에 가셨기 때문에 너희는 지옥에 갈 필요가 없고 천국에 갈 수 있게 되었다. 그분이 죽음으로 값을 지불하셨기 때문에 너희는 영생을 선물로 받았다. 그분이 죄인이 되셨기 때문에 너희는 의인이 되었다. 예수 그리스도의 구원은 우리의 영과 혼과 몸의 모든 문제를 해결하신 것입니다. 바울은 "이 복음은 모든 믿는 자에게 구원을 주시는 하나님의 능력이 된다"(롬 1:16)고 말했습니다. 여기서 구원이라는 말은 영과 혼과 육의 모든 문제를 해결하신 그리스도의 구원을 이야기한 것입니다.

> 하나님이 나사렛 예수에게 성령과 능력을 기름 붓듯 하셨으매 그가 두루 다니시며 선한 일을 행하시고 마귀에게 눌린 모든 사람을 고치셨으니 이는 하나님이 함께 하셨음이라 (행 10:38)

여기 병 고침에 대한 아주 중요한 이야기가 있습니다. 병을 고치는 능력의 근원을 밝히고 있습니다. 예수님께서는 성령과 능력을 기름 붓듯 받고 나서 그때부터 선한 일을 행하시고 마귀에게 눌린 모든 사람을 고치셨다고 했습니다. 예수님이 하나님의 아들이시기 때문에 병을 고치신 것이 아닙니다. 예수님이 나이 서른이 되어서 침례 요한에게 침례를 받기 전에는 기적을 행하거나 병을 고친 이야기가 성경에 전혀 기록되어 있지 않습니다.

여기서는 나사렛 예수라고 부르고 있습니다. 예수라는 이름은 흔한 이름이었고, 나사렛 예수는 나사렛이라는 시골에 사는 예수를 말하는 것입니다. 나사렛 예수는 태어나 30년 동안 남의 병을 고치거나 다른 어떤 기적도 행하지 못했습니다. 그러면 언제부터 병을 고칠 수 있었습니까? 하나님께서 나사렛 예수에게 성령과 능력을 부으셨을 때 비로소 병을 고칠 수 있었습니다.

성경은 정확히 말하고 있습니다. 모든 질병은 아담이 죄를 지음으로 말미암아 사망이 옴으로써 들어온 것입니다. 그러므로 모든 병의 근원은 마귀입니다. 마귀에게 눌린 모든 사람을 고치셨다고 합니다. 마귀는 질병으로 사람들을 죽이려고 했지만 예수님은 모든 사람을 다 고치셨습니다. 이것이 하나님이 함께하신다는 표적이었습니다. 성령과 능력을 부으셔서 하나님이 함께하시면 모든 질병을 고칠 수 있습니다.

> 하루는 가르치실 때에 갈릴리의 각 마을과 유대와 예루살렘에서 온 바리새인과 율법교사들이 앉았는데 병을 고치는 주의 능력이 예수와 함께 하더라 (눅 5:17)

예수님은 가는 곳마다 많은 병자를 고치셨지만 모든 병자가 저절로 나은 것은 아니었습니다. 신약성경에는 예수님께서 병을 고친 다양한 장면이 기록되어 있습니다. 각 경우마다 모두 장소와 환경이 조금씩 다른 것을 볼 수 있습니다. 누가복음 5장 17절 말씀은 병을 고치는 하나님의 능력이 예수와 함께하고 있었다고 특별히 기록하고 있습니다. 병을 고치는 하나님의 능력이 함께 하는 것은 우리도 사모하는 일입니다. 병든 사람이 믿음이 적더라도 내게 병을 고치는 능력이 함께하시면 환자에게 부족한 것을 능히 극복할 수 있을 것입니다.

예수님께서는 제자들에게도 이런 능력을 주셔서 내어 보내셨던 적이 있습니다. "예수께서 그의 열두 제자를 부르사 더러운 귀신을 쫓아내며 모든 병과 모든 약한 것을 고치는 권능을 주셨다"(마 10:1)고 하셨습니다. 예수님은 십자가 죽음과 부활과 승천 이전에도 귀신을 쫓아내고 모든 병과 모든 약한 것을 고치는 능력을 열두 제자들에게 주셨습니다. 부활하신 이후 예수님은 제자들에게 "너희가 내 이름으로 귀신을 쫓아내며 내 이름으로 병든 자에게 손을 얹어 낫게 하라"고 명령하셨습니다.

주님께서 주셨다고 하셨으니, 이제 우리가 할 일은 이 진리를 믿고 순종하여 행동하는 것입니다. 병만 고친다고 하지 않고 모든 약한 것도 고친다고 하셨습니다. 질병이 나을 뿐만 아니라 몸의 약한 부분이 강하게 되는 것도 포함합니다. 마태복음 8장 17절도 병과 약한 것을 분리하여 두 가지 다 온전케 하셨다는 것을 설명하고 있습니다.

> 이는 선지자 이사야를 통하여 하신 말씀에 우리의 연약한 것을 친히 담당하시고 병을 짊어지셨도다 함을 이루려 하심이더라 (마 8:17)

예수님이 우리의 연약한 것과 병을 다 해결하셨다는 말은 우리도 예수님처럼 항상 신성한 건강을 누릴 수 있다는 말입니다. 그리스도인들이 병에 걸리지 않고 살 뿐만 아니라 아주 건강하게 오래 사는 것은 하나님의 뜻입니다. 우리가 그렇게 살 수 있도록 하나님께서 모든 것을 다 제공해 주셨습니다.

우리가 실제로 아픈 사람을 치유할 때 여러 상황을 만나게 됩니다. 병 나은 것에 대한 간증도 있지만 낫지 않는 경우도 보게 됩니다. 병원에 가서 여러 가지 검사를 받고 진단을 받아도 질병만큼이나 환자의 몸의 상태도 다양합니다. 인간은 영과 혼과 몸으로 되어 있기 때문에 병의 원인도 복잡하고, 원인이 복잡하니 정확한 치료 약이나 치료 방법을 찾는 것도 간단하지 않습니다. 내과 의사가 모든 검사를 다 해보고 위장에는 아무 이상이 없다고 말했는데 여전히 소화가 안 된다는 사람이 있습니다. 그럴 경우 의사들은 대부분은 신경성 위장병이라는 진단을 내립니다. 그렇지만 무엇이 어떻게 심인성 질병을 일으켰는지 밝히는 일도 간단하지는 않을 것입니다. 복음서에서 예수님께서 병 고치는 장면이 매우 다양한 것도 사람마다 다른 발병 원인이 있는 것과 관계가 있는 것 같습니다.

어떤 사람은 자기 스스로 와서 예수님의 옷자락에 손을 대어 주님의 몸으로부터 나온 치유의 능력을 받아 병이 나았습니다. 어떤 사람은 예수님께서 침을 뱉어 흙을 이겨서 눈에 발라주시고 실로암 못에 가서 씻으라고 하자, 말씀대로 못에 가서 눈을 씻음으로써 나았습니다. 죽은 나사로는 죽어 있었는데 예수님께서 나사로를 나오라고 불러내셔서 살아났습니다. 예수님이 병 고치는 장면은 이렇게 다양하지만 예수님께로 나와서 병 낫기를 원하는 사람 중에서 낫지 않은 사람은 한 사람도 없었습니다.

> 거기서는 아무 권능도 행하실 수 없어 다만 소수의 병자에게 안수하여 고치실뿐이었고 그들이 믿지 않음을 이상히 여기셨더라 (막 6:5-6)

예수님이 기적을 많이 행하신다는 것을 고향 사람들도 소문을 들어서 알고 있었을 것입니다. 예수님이 자기 고향 나사렛에 가셨을 때, 그런 소문을 들었음에도 그들은 예수님을 믿지 않았습니다. "요셉의 아들 예수 아니야"라고 말했습니다. 자기들이 육신적으로 30년 동안 알고 지낸 그 요셉의 아들 예수, 목수 예수로만 인정했을 뿐입니다. 예수님은 다만 소수의 병자에게 안수하여 고치실뿐이었고 그들이 믿지 않음을 이상히 여기셨습니다. 성경 말씀은 예수님께서 그들의 믿지 않음을 보고 놀라셨다고 되어 있습니다.

이와 대조적으로 예수님의 옷자락을 잡음으로 말미암아 병이 나았던 혈루병에 걸렸던 여자의 경우도 있습니다. 이 사람은 예수님이 고쳐주도록 안수하거나 말씀을 하시기를 기대하거나 요구하지 않았습니다. 예수님이 지나가실 때 단지 "내가 예수님의 옷자락에 손만 대어도 나을 것이다"(막 5:28)라는 믿음으로 나와서 자기 믿음대로 병이 나았습니다. 위 두 가지 경우를 통해 알 수 있는 것은 예수님께서는 항상 병을 고치는 능력이 있었다는 것입니다. 예수님께 나와서 병을 고치기를 원하는데 "너는 이것이 부족하니까 이것을 갖추고 다음에 오라."고 하신 경우가 한 번도 없었습니다. "너는 죄를 많이 지었으니까 그 죄들을 회개하고 와라 그러면 내가 고쳐주겠다."는 말도 없습니다. "너는 부자니까 헌금을 좀 더 많이 해라 그러면 내가 고쳐주겠다."고 하신 적도 없습니다. 예수님께 병을 고치고 싶어서 찾아온 사람들에게 예수님은 아무 조건이 없었습니다. 그들은 병 고침을 받기 원하는 믿음으로 찾아와서 고침을 받았습니다. 예수님께서는 모든 사람의 그 어떤 질병도 다 치유하는 능력이 항상 있었습니다.

다른 하나는 기도를 받는 아픈 사람의 믿음입니다. 예수님께서는 항상 능력이 있기 때문에 예수님의 옷자락만 잡아도 내 병이 나을 것을 믿었을 때, 혈루병 여인은 그녀의 믿음대로 되었습니다. 물론 다른 사람이 예수님께 나와 병 고침을 받았다는 이야기는 들었을 것입니다. 그렇지만 누가 옷자락을 잡고 병이 나았다는 간증을 들은 적은 없었을 것입니다. 그러나 그녀는 예수님의 치유 능력을 믿었기 때문에 스스로 그런 믿음을 가졌습니다. 그래서 자기 믿음대로 치유받았습니다.

그 모든 병 고침을 받은 사람들에 대하여 예수님께서 공통적으로 가장 많이 했던 말씀이 있습니다. "네 믿음이 너를 낫게 하였느니라!" 예수님은 내 능력이라고 하지 않으셨습니다. 하나님의 사랑과 하나님의 능력은 항상 예수님께 있었습니다. 그들이 믿음으로 취한 것입니다. 그들의 믿음이 무리 가운데 와서 예수님의 옷자락에 손을 대게 한 것입니다. 그들의 믿음이 지붕을 뚫고 중풍병자를 침대에 달아서 내린 것입니다. 그들의 믿음대로 주님은 보상해 주셨습니다.

모든 사람의 병을 고쳐주는 것은 하나님의 뜻입니다. 예수님 믿는 사람이나 안 믿는 사람도 다 마찬가지입니다. 모든 사람의 질병을 예수님이 짊어지셨습니다. 어떤 질병은 되고 어떤 질병은 안 된다는 말도 없습니다. 사람에게 생기는 모든 질병입니다. 하나님은 예수님을 통해서 우리가 치유받을 수 있는 모든 일을 다 하셨습니다. 이제는 각자가 성경 말씀을 읽고 말씀대로 믿음을 가짐으로써 치유를 취할 수 있는 것입니다. 사람마다 경우가 다르기 때문에 말씀을 따라 자기가 믿음으로 취해야 합니다. 안수받거나 말씀을 믿는데도 아직 병이 깨끗이 낫지 않으면, 성경을 잘 읽으면서 스스로 말씀을 자신의 영에 먹여서 자신의 믿음을 키워야 합니다. 믿음은 들음에서 나기 때문에, 치유에 대해 말씀을 읽을 때 치유에 대한 믿음이 생길 것입니다. 말씀을 읽고 고백하는 동안 성령께서 내 영에 믿음을 세우는 일을 하실 것입니다.

치유받기 위해 손을 얹고 기도 받는 것도 마찬가지입니다. 병을 고치는 능력이 예수님과 함께 있었다고 했습니다. 안수해 주는 사람이 어떤 믿음의 기도를 하며 병을 고치는 능력이 얼마나 강력하게 역사하는지는 그 사람의 문제이기에 치유받기 원하는 사람이 할 수 있는 것은 없습니다. 네 믿음이 너를 낫게 했다는 말은 아픈 사람에게 자신의 믿음을 성장시켜야 할 책임이 있다는 말입니다. 믿음은 들음에서 나기 때문에 병 고침이라는 구원의 열매를 얻기 위해서는 병을 고치는 하나님의 말씀을 읽으면서 고백할 때 믿음이 자라게 될 것입니다.

8. 나는 모든 것을 탁월하게 할 수 있는 지혜가 있습니다

너희는 하나님으로부터 나서
그리스도 예수 안에 있고
예수는 하나님으로부터 나와서
우리에게 지혜와 의로움과
거룩함과 구원함이 되셨으니
(고전 1:30)

밤에 한 나룻배를 타고 큰 강을 건너게 된 몇 사람이 자기가 누구인지 소개를 하게 되고 슬그머니 자기 자랑을 하게 되었답니다. 한 사람은 자신이 천체물리학자라고 소개하면서 하늘의 별에 대해 무지한 다른 사람들보다 많이 아는 것을 자랑했습니다. 그 이야기를 듣고 또 다른 사람은 아름다운 별을 노래한 시를 한 수 읊어 보이면서 자신의 문학적 감성을 자랑하며 문학을 모르면서 인생의 맛을 어떻게 알겠느냐고 했습니다. 또 다른 사람도 자신의 전문 지식과 삶을 자랑하며 이야기를 이어갔답니다. 그러나 갑자기 배가 물결에 일렁이며 뒤집힐 지경이 되었을 때, 이야기를 잠자코 듣기만 하면서 노를 젓던 사공이 그들에게 수영을 할 수 있는 사람이 누구냐고 물었답니다. 그런데 수영을 할 수 있는 사람은 세상의 학문적 지식은 없지만 물에서 기술을 익힌 사공뿐이었다고 합니다.

그들이 자랑하던 세상의 어떤 지식과 경험과 권세도 뒤집힌 나룻배에서 살아남는 데는 아무 소용이 없습니다. 물에 빠졌을 때 오직 수영 실력만이 목숨을 구해 줄 수 있는 것과 같이, 하나님을 아는 지혜인 그리스도의 복음 외에는 사람이 구원을 얻을 길은 없습니다. 그리스도는 모든 사람에게 하나님을 알고 자신을 알고 진리를 아는 유일한 지혜가 되셨습니다. 그리스도를 아는 지혜를 벗어나, 인간이 알고 있는 지식과 신념과 믿음은 모두 헛된 것이며 부분적인 것일 뿐입니다. "여호와를 경외하는 것이 지혜의 근본이요 거룩하신 자를 아는 것이 명철이니라"(잠 9:10)고 성경은 말씀하고 있습니다.

> 지혜 있는 자가 어디 있느냐 선비가 어디 있느냐 이 세대에 변론가가 어디 있느냐 하나님께서 이 세상의 지혜를 미련하게 하신 것이 아니냐 (고전 1:20)

> 이 세상은 그 지혜로 하나님을 알지 못하였습니다. 하나님의 지혜가 그렇게 되도록 한 것입니다. 하나님께서는 어리석게 들리는 설교를 통하여 믿는 사람들을 구원하시기를 기뻐하신 것입니다. (고전 1:21, 새번역)

하나님을 알려고 하는 인간의 모든 노력은 종교, 철학, 도덕 수준입니다. 예수 그리스도의 십자가와 부활로 말미암은 복음의 진리, 복음에 나타난 하나님의 사랑의 계시만이 죄인을 구원할 수 있습니다. 구원의 복음은 모든 사람에게 필요한 가장 중요한 지혜가 되었습니다. 이 지혜는 복음을 선포하는 행위를 통하여 듣는 자에게 은혜를 주시고 믿음으로 구원에 이르게 하는 '하나님의 지혜'입니다.

이제 구원받아 거듭난 사람은 그리스도 안에 있는 자신이 누구이며 무엇을 가지고 있고 어떻게 살 수 있는지를 아는 지혜가 필요합니다. 성경은 이런 모든 지혜와 계시를 더해 주는 책입니다. 성령님은 이런 모든 진리 가운데로 우리를 인도하시는 분입니다. 그뿐 아니라 이 진리의 말씀대로 살 수 있는 능력을 주시는 분이십니다.

> 내게 능력 주시는 자 안에서 내가 모든 것을 할 수 있느니라 (빌 4:13)
>
> I can do all things through him who strengthens me. (ESV)

> 이를 위하여 나도 내 속에서 능력으로 역사하시는 이의 역사를 따라 힘을 다하여 수고하노라 (골 1:29)

내 안에 계시는 진리의 영인 성령님은, 그리스도의 말씀과 똑같이 생각하고 그리스도의 영과 하나가 되어 사랑을 따라 행동할 때, 나를 통하여 자신을 나타내십니다. 내가 말씀과 똑같이 생각하고 사랑으로 행한 만큼 능력과 사랑과 지혜로 행할 수 있습니다.

그 안에는 지혜와 지식의 모든 보화가 감추어져 있느니라 (골 2:3)

이제 그리스도인은 하나님의 말씀을 공부하고 묵상하며 성령의 인도를 잘 받음으로써 그리스도를 알므로, 어떤 상황에서든지 자신에게 필요한 모든 지혜와 지식을 발견하여 바른 선택을 할 수 있습니다.

하나님이 능히 모든 은혜를 너희에게 넘치게 하시나니 이는 너희로 모든 일에 항상 모든 것이 넉넉하여 모든 착한 일을 넘치게 하게 하려 하심이라 (고후 9:8)

네 하나님 여호와를 기억하라 그가 네게 재물 얻을 능력을 주셨음이라 이같이 하심은 네 조상들에게 맹세하신 언약을 오늘과 같이 이루려 하심이니라 (신 8:18)

구원받는 것과 치유받는 것을 경험한 것처럼 재정적인 형통을 기대하다가 낙심하는 성도들이 더러 있습니다. 하나님은 우리를 부요한 자로 만드셨습니다. 부요한 아버지 하나님의 부요한 아들로 태어났습니다. 그러나 하나님은 지폐를 만들어 손에 쥐어 주시는 분이 아닙니다. 하나님은 사람들을 통하여 우리에게 재물을 직접 주시기도 하지만, 나의 노력과 투자에 좋은 열매로 보상하는 분이십니다. 아담의 범죄로 땅이 저주 받은 이래, 사람은 수고하여야 땅에서 나는 것을 먹을 수 있도록 되었습니다(창 3:17). 여기서 인용한 신명기 말씀도 하나님이 재물 얻을 능력을 주셨다고 했습니다. 탁월하고 창의적인 생각이나 아이디어, 필요를 발견하고 채우는 능력, 사건과 상황을 보고 판단하는 통찰력, 배우고 훈련하여 기회가 나타났을 때 기회를 잡는 실행력 등이 그런 능력들입니다. 하나님을 통하여 은혜를 받을 때, 하나님은 그분의 선한 목적을 위하여 어떻게 재물을 얻을 수 있는 사업을 할 수 있을지 가르쳐 주시고 할 수 있는 능력을 주실 수 있는 분입니다. 함께 일할 일꾼을 보내주시고 그런 일꾼을 분별할 수 있는 눈을 주시는 분입니다.

> 지혜가 제일이니 지혜를 얻으라 네가 얻은 모든 것을 가지고 명철을 얻을지니라 (잠 4:7)

그러나 이런 지혜와 능력은 성경 읽고 기도만 해서 하나님으로부터 받는 것이 아닙니다. 배운 말씀을 자신의 삶에서 적용하여 열매로 확증하는 훈련이 필요합니다. 바른 선택을 바른 시간에 할 수 있는 능력이 세상에서 살아가는 데 필요한 지혜입니다. 재물은 세상에서 일함으로써 맺는 열매이지 기도만 해서 하늘로부터 공급되는 광야의 만나 같은 것이 아닙니다. 사막의 수도사들은 평생 수도원에서 말씀 묵상과 기도로 살았지만, 그들이 먹을 음식은 누군가 농사를 지어서 수확한 열매를 통해 받은 것이었습니다. 그러므로 직장에서 일을 잘하는 지식을 얻고 기술을 익히는 일, 사람들을 섬기며 돕고 협력하는 일, 사람들과 의사소통을 잘 하는 일은 물론, 부부로서 화목하게 사는 일, 자녀를 양육하는 일 등 삶의 수많은 영역에서 하나님의 지혜가 필요합니다.

성령님은 성경을 읽거나 기도할 때 계시해 주시고 말씀하실 뿐만 아니라, 삶의 현장에서도 직접 깨닫게 해 주시고 바른 선택을 할 수 있도록 도와주시는 분입니다. 모든 삶의 순간에 함께하시며 우리에게 지혜와 계시를 주시는 영입니다.

> 내게는 계략과 참 지식이 있으며 나는 명철이라 내게 능력이 있으므로 나로 말미암아 왕들이 치리하며 방백들이 공의를 세우며 나로 말미암아 재상과 존귀한 자 곧 모든 의로운 재판관들이 다스리느니라 (잠 8:14-16)

특별히 잠언은 솔로몬 왕이 정리한 삶의 지혜들을 소개하고 있는 책입니다. 자녀교육은 물론 지혜로운 지도자로서 인격과 리더십에 대한 왕의 덕목까지, 참으로 귀한 삶의 지혜가 녹아 있는 책입니다. 성경은 지혜의 근본이신 하나님 아버지께 구하는 자에게 이런 모든 지혜를 주신다고 약속하고 있습니다. 성경을 통하여 성령의 가르침으로 하나님이 이미 우리에게 주신 지혜를 찾아낸 사람은 자기 삶의 빛과 등불을 가지고 빛 가운데로 걸어갈 수 있습니다. 수많은 중요한 결정을 할 때 항상 하나님의 말씀을 따라 성령님의 인도를 받고 확증을 받는 수고는 각 사람이 해야 할 특권이자 책임입니다.

주의 말씀은 내 발에 등이요 내 길에 빛이니이다 (시 119:105)

너희 중에 누구든지 지혜가 부족하거든 모든 사람에게 후히 주시고 꾸짖지 아니하시는 하나님께 구하라 그리하면 주시리라 (약 1:5)

진리를 사되 팔지는 말며 지혜와 훈계와 명철도 그리할지니라 (잠 23:23)

Buy truth, and do not sell it; buy wisdom, instruction, and understanding. (ESV)

Truth, wisdom, learning, and good sense – these are worth paying for, but too valuable for you to sell. (GNT)

Buy truth—don't sell it for love or money; buy wisdom, buy education, buy insight. (MSG)

성경은 영적인 지혜와 계시뿐만 아니라 모든 지혜의 근본입니다. 창조주의 신비가 피조물에 숨겨져 있는 것을 과학자들이 전문 분야별로 밝혀내고 있듯이, 사람과 사람의 삶에 관한 모든 비밀도 예수 그리스도 안에 감추어져 있습니다. 그러나 사람이 살고 있는 세상과 살아가는 데 필요한 많은 지식과 지혜를 사람들은 책을 통해 전해 왔습니다. 지금도 우리는 살아가는데 필요한 과거의 축적된 지식은 물론, 같은 시대에 사는 사람들의 새로운 지식, 기술, 지혜를 배우기 위해 책을 읽습니다.

우리는 지금 산업사회에서 정보사회를 거쳐 인공 지능과 로봇이 인간의 노동을 대체하는 4차 산업혁명을 맞이하고 있습니다. 빠른 학습 능력과 창의성이 더욱 중요해질 것이라고 합니다. 창조주 하나님이야말로 모든 창의성의 근원입니다. 그러므로 하나님이 사람을 사랑하시고 구원하시는 하나님의 이야기인 성경은 모든 문학, 역사, 철학을 능가하는 지혜가 가득합니다. 독서야말로 하나님의 말씀인 성경을 이해하는 데 안목을 넓혀주며, 역으로 성경의 지혜는 사람의 지혜의 한계와 어리석음을 드러나게 하는 빛의 역할을 합니다.

이렇게 사회에서 필요한 사람이 되는 것은 경제활동을 하는 모든 사람에게 피할 수 없는 조건입니다. 어느 정도 공정한 법을 따라 경쟁이 적용된다면, 자유민주주의 사회에서 사람들은 능력에 따라 가치를 인정받게 될 것입니다. 경제적인 활동을 하는 사람인 경우, 한 사람이 회사의 목적에 기여하는 가치는 연봉으로 결정합니다. 연봉을 결정하는 요소를 조사 연구한 한 경제학자는 책을 통해 얻는 지식의 가치를 소개하고 있는데 당연한 사실이라고 생각합니다.

'유능한 사람'[10]이라는 말처럼 객관화시키기 어려운 것도 없다. 내가 본 사례 중에서 가장 특징적인 것 하나만 꼽으라고 한다면 독서를 꼽을 수밖에 없을 것이다. 학사 출신의 대기업 사장, 학사 출신의 식품회사 사장, 대표적으로 성공하는 사람으로 꼽히는 두 사람을 알고 있다. 이 두 사람이 내가 본 한국 사람 중에서 독서를 가장 많이 하는 사람들이다. 개인의 독서량과 독서 범위를 계량화하기는 어렵다. 그렇지만 30년 정도의 시계열 자료를 뽑을 수 있다면, 적어도 한국에서 장기적인 연봉에 가장 많은 영향을 미치는 변수는 독서일 것이라고 생각한다. 간접경험을 가장 빠른 시간에 가장 입체적인 방식으로 늘일 수 있는 방법이 독서다.

---

10) 우석훈, 「연봉은 무엇으로 결정되는가」, 새로운 현재, 2016

9. 나는 생명 안에서 왕 노릇 할 수 있습니다

우리를 사랑하사 그의 피로
우리 죄에서 우리를 해방하시고
그의 아버지 하나님을 위하여
우리를 나라와 제사장으로
삼으신 그에게 영광과 능력이
세세토록 있기를 원하노라 아멘
(계 1:5-6)

그들로 우리 하나님 앞에서 나라와 제사장들을 삼으셨으니 그들이 땅에서 왕 노릇 하리로다 하더라 (계 5:10)

주님께서 그들을 우리 하나님 앞에서 나라가 되게 하시고, 제사장으로 삼으셨습니다, 그래서 그들은 땅을 다스릴 것입니다 (새번역)

and you have made them a kingdom and priests to our God, and they shall reign on the earth (ESV)

And hast made us unto our God kings and priests : and we shall reign on the earth (KJV)

한글 성경은 '나라와 제사장'이라고 번역했지만 킹제임스 번역에는 '왕들과 제사장들'이라고 되어 있습니다. 왕에게는 권세가 있고, 왕으로서 다스릴 수 있는 나라가 있습니다.[11] 여기서 왕으로서 다스리는 것을 '왕 노릇 한다'고 개역개정 성경에서는 표현하고 있습니다.

입헌민주주의 공화국에서는 헌법에 따라 국가의 최고 통치자를 국민들의 투표를 통해서 뽑습니다. 대통령 중심제의 대통령이나 내각 책임제의 수상은 자신의 임기 동안 헌법에 정한 권세를 가진 사람으로서 권한을 행사합니다. 그러나 우리나라의 대기업 창업주들은 회장으로 있을 때뿐만 아니라 이 세상을 떠난 후에도 그 자녀들이 기업의 계열사들을 차지하고 세상에서 권세를 행사하며 살고 있습니다. 자본주의 사회이기에 자본주가 회사의 경영권을 합법적으로 행사하는 것입니다. 그런데 성경은 그리스도인들이 바로 왕의 권세를 가지고 다스릴 나라가 있고 제사장으로서 하나님의 직분을 가지고 있다고 합니다.

> 한 사람의 범죄로 말미암아 사망이 그 한 사람을 통하여 왕 노릇 하였은즉 더욱 은혜와 의의 선물을 넘치게 받는 자들은 한 분 예수 그리스도를 통하여 생명 안에서 왕 노릇 하리로다 (롬 5:17)

아담의 범죄로 말미암아 사망이 왕 노릇 했습니다. 아담의 후손들은 죽음을 두려워했습니다. 사람들은 죽음을 두려워하므로 평생 죽음에게 종노릇합니다. 그런데 이 사망 권세를 예수님께서

---

11) 김진호, 「왕과 제사장」, 믿음의 말씀사, 2007

이기시고 무력화하신 후 우리에게 영원한 생명을 주셨습니다. 그리스도 안에 있는 사람은 한 분 예수 그리스도를 통하여 생명 안에서 왕 노릇 할 수 있게 되었습니다. 그리스도인은 영과 생명의 영역에서 최고의 권세를 가진 왕처럼 다스릴 수 있는 권세를 받았습니다.

예수님은 왕처럼 다스리는 사람의 삶을 보여 주셨습니다. 예수님이 누구를 무서워했습니까? 태풍을 무서워했습니까? 예수님이 빌라도를 무서워했습니까? 예수님은 어떤 곳, 누구에게도 두려워하는 모습을 보여준 적이 없습니다. 왕은 아무도 두려워할 사람이 없습니다. 자신이 제일 높은 자인데 누구를 두려워하겠습니까! 주님은 우리를 왕으로 이미 만드셨다고 했습니다.

> 죄가 너희를 주장하지 못하리니 이는 너희가 법 아래에 있지 아니하고 은혜 아래에 있음이라 (롬 6:14)

죄가 우리를 주장하지 못한다는 것은 죄를 다스릴 수 있다는 것입니다. 적대적이거나 부정적인 환경을 다스리는 것입니다. 어떤 거짓말이나 어떤 부정적인 보고에도 영향을 받지 않는 상태입니다. 법 아래 있지 않고 은혜 아래 있기 때문에 은혜를 따라 살면 절대 죄를 짓지 않을 수 있다는 것입니다. 그리스도인이 받은 은혜와 의의 선물은 그로 하여금 생명 안에서 다스리는 삶을 살 수 있도록 해 줍니다.

다이어트에 성공하기 위해서 먹는 것을 절제하며 정기적인 운동을 하는 것을 힘들어 하는 사람들이 있습니다. 다이어트의 실패는 자신의 식욕을 다스리지 못하는 것이 본질입니다. 과식과 게으름으로 인한 운동 부족은 자신을 다스리지 못한 결과입니다. 식욕을 다스리고 운동 습관을 갖는 것도 자신의 영을 강건하게 하고 말씀으로 생각을 바꾸면 쉽게 해결됩니다. 밤늦게까지 시간을 낭비하다 아침에 일찍 일어나지 못하는 습관도 은혜받고 영적으로 강건해져서 자기 생각을 바꾸면 모두 해결할 수 있습니다.

> 그러므로 우리가 그리스도를 대신하여 사신이 되어 하나님이 우리를 통하여 너희를 권면하시는 것 같이 그리스도를 대신하여 간청하노니 너희는 하나님과 화목하라 (고후 5:20)

우리는 하나님 왕국에 속한 사람이지만 이 세상에 살고 있습니다. 이 땅에 속한 나라에서 우리는 하나님의 왕국을 대표하는 사람으로서 살고 있습니다. "그리스도를 대신하는 사신이 되었다"는 말은 하나님의 왕국을 대표하는 대사의 신분을 표현한 말입니다. 그러므로 우리는 우리가 사는 곳에서 영향력을 행사할 수 있는 권세를 사용하여 왕처럼 살아야 마땅합니다.

회사의 최고 경영자에게는 함께 일할 직원을 선발하고 각 사람에 대한 직무와 연봉을 결정할 권한이 있습니다. 그 회사에서는 그 사장님이 제일 영향력이 큰 사람입니다. 왕 노릇 하는 것은 내가 영향력을 행사할 수 있는 권한 안에서 자신의 능력을 발휘하여 다스리는 것입니다. 하나님은 우리가 사는 이 세상에서 왕 노릇을 하라고 우리를 보내셨습니다.

왕의 말이 있는 곳에는 권위가 있나니 (전 8:4)

왕은 어떻게 세상을 다스립니까? 왕은 말로 명령함으로써 권세를 행사합니다. 민주주의 국가에서 모든 공권력은 헌법이 보장하듯이, 하나님 나라의 권세는 하나님의 나라의 헌법인 하나님의 말씀을 통해 하나님께서 보장하십니다. 우리는 하나님의 자녀로서 하나님 왕국에서 하나님을 대표하기 때문에, 하나님 나라와 의를 위해서 우리는 무엇을 하든지 하나님의 말씀대로 할 수 있습니다. 이것이 하나님께서 우리에게 주신 권세입니다.

대사는 자신이 파송된 나라에서 살고 있지만 그 나라의 환경의 지배를 받지 않습니다. 자신을 파송한 본국에서 모든 것을 다 지원해 줍니다. 그러므로 대사는 파송된 나라에서 개인 사업을 하며 사익을 추구해서는 안 됩니다. 파송된 나라의 국익을 위해서 지시 받은 임무를 수행합니다. 우리는 이 세상에 살면서 바로 하나님이 우리를 보내어 시키신 일을 하며 하나님 나라의 유익을 위해서 일하도록 보냄 받았습니다. 우리는 하나님이 기뻐하는 영혼을 구원하여 제자를 만들며 그리스도의 교회를 세우는 이 일을 더 효과적으로 하기 위하여, 세상에서 더 큰 영향력을 행사할 수 있는 일과 위치에 있도록 힘써야 합니다. 우리는 이 세상에서 이 복음을 가지고 선한 영향력을 끼칠 뿐만 아니라 주님이 명하신 사명을 완성해야 할 책임이 있습니다.

그러므로 그리스도인 한 사람 한 사람이 중요합니다. 내가 알고 있는 사람, 내가 영향력을 끼칠 수 있는 사람, 나와 연결된 사람들에게 하나님의 나라가 임하도록 해야 합니다. 내가 복음을 전하지 않거나, 몸이 아프거나, 비전이 희미해지고 열정이 시들해지거나, 개인적인 어려움이나 자기 문제에만 빠져 있으면, 내가 복을 끼칠 수 있는 수많은 사람이 복을 받지 못하게 됩니다. 그러므로 각 사람은 하나님의 나라를 대표하는 대사의 의식을 분명히 해야 합니다. 그뿐 아니라 자신이 이 땅에서 합법적으로 영향력을 더욱 행사할 수 있는 사람이 되도록 힘써야 합니다. 영향력이 큰 사람이 잘하면 더 많은 사람이 은혜를 입고, 영향력이 작은 사람이 잘 하면 더 적은 사람들이 은혜를 입게 되기 때문입니다.

왕조 시대에는 왕의 아들 중에서 한 사람을 뽑아서 지혜로운 왕이 될 수 있도록 특별한 훈련을 따로 시켰습니다. 아버지를 이어서 왕이 되기 위해 선택되어 훈련받고 있는 왕자를 가리켜 세자라고 하였습니다. 그리스도인은 지금 왕 중의 왕이신 하나님의 자녀로서, 내가 파송될 나라의 왕이 될 세자로서, 교육을 받고 훈련받아야 합니다. 그리스도인들은 왕 노릇 하는 것을 배우고 훈련받아야 합니다. 왕은 어떻게 말과 행동을 하며, 자신의 몸을 돌보고 건강하게 유지하며, 사람들을 섬기고, 그 나라를 튼튼하게 지키며, 그에게 맡겨진 백성들을 보호하고 바른 길로 인도하는지를 배워서 왕의 직분을 잘 수행할 책임이 있습니다.

한 사람이 결혼하여 한 가정을 이루는 것을 생각해 봅시다. 배우자를 전도하면 부부가 함께 동역자의 복을 누릴 수 있습니다. 자녀들이 복을 받고, 섬기는 직장의 사람들이 복을 받습니다. 하나님은 그리스도인 한 사람을 복의 통로가 되도록 그 가정에 하나님의 왕국을 나타낼 대사로 파송한 것입니다. 이 가정의 자녀들은 자신의 세대에 파송될 하나님 나라의 대사로 자라면서 훈련 받고 있는 것입니다.

구약성경의 대제사장은 백성들의 죄를 대신해서 일 년에 한 번씩 제사를 드리는 사람입니다. 성경은 우리를 왕과 제사장이 되게 하셨다고 하셨는데, 우리가 드리는 제사는 영혼을 구원하는 것입니다. 그들을 사랑하는 것입니다. 그들을 위해 기도하는 것입니다. 제사장으로서 가진 재물과 시간을 다 사용해서 영혼을 구원하기 위해서 사랑하고 교제하면서 그들이 우리를 통해 그리스도의 사랑의 편지를 읽도록 하는 일입니다. 그들도 예수를 믿고 하나님 나라의 대사가 되어 자신의 삶을 산 제물로 하나님께

바치는, 왕과 제사장의 삶을 살도록 하는 사명입니다. 우리는 이 땅에 영원히 사는 왕이 아닙니다. 우리는 영원한 하늘나라에 속한 사람입니다. 이 땅에서 우리에게 준 모든 시간과 재물과 삶을 드려서 영혼을 구원하여 제자로 만드는 영원한 결과를 가져오는 일을 해야 합니다.

내게 오신 성령님과 방언기도

최순애 목사

제가 방언을 어떻게 처음 말하게 됐는지 간증을 나누겠습니다. 저는 불교 집안에서 태어나서 남편을 만나서 결혼하기 전까지는 예수를 안 믿는 사람이었습니다. 저는 매우 논리적인 성향이어서 어떤 사실을 직접 확인해 보지 않고는 절대로 받아들이지 못하는 사람입니다. 저는 예수님을 안 믿었을 뿐만 아니라 신이 없다고 믿었습니다. 친구 중에도 신앙생활을 하는 사람들이 있었지만 나는 신앙은 그들의 마음에 있다고 생각했습니다.

저와 만나 연애할 때 남편은 이미 크리스천이어서 그때 남편에게 제가 분명하게 말했습니다. "나는 신앙이라는 것은 뭔가 기대기를 원하는 사람에게 필요한 거라고 생각하므로 나는 기댈 것이 필요하지 않아요. 언젠가 그런 도움이 필요하면 말을 할 테니까 그 전까지 절대 나에게 교회 가자고 말하지 말아주세요." 남편은 이것이 억지로 되는 일이 아니라고 생각했기 때문에 그냥 제 말에 따라 줬습니다.

결혼한 지 4개월 만에 남편이 건설회사에 취직이 되어 사우디아라비아로 일하러 갔습니다. 남편은 사우디에서 열심히 기도하고 저는 한국에서 직장생활을 하고 있었습니다. 그때까지 저는 예수 믿는 사람은 아니었습니다. 그런데 제 삶에 어려움이 왔습니다. 남편이 사우디에 간 이유는 돈을 버는 것이었습니다. 그동안 저는 누군가에게 돈을 빌려줬다가 잃기도 했고, 인생의 허무함을 느끼기 시작했습니다. 인생의 허무함을 느끼면서 저는 특유의 논리적인 사고로 생각을 해 봤습니다.

모든 인생의 끝은 죽는 것입니다. 그런데 사는 동안 인생이라는 것이 너무 힘든 것 같이 느껴졌습니다. 기다려야 하고, 노력해야 되고, 참아야 하고, 어려운 고통을 견뎌야 하지만, 즐거움과 행복한 시간은 많지 않은 것 같았습니다. 그렇다면 왜 꼭 살아야 하는가 하는 생각이 들었습니다. 흔히 사람들이 젊었을 때 일찍 죽은 사람들을 보고 불쌍하다고 말하는데 제 생각에는 불쌍한 것 같지 않았습니다. 인생이 좋고 즐겁기만 한 것이라면 일찍 죽은 것이 너무 억울하겠지만, 제가 사는 인생은 힘들었기 때문에 일찍 죽는 것도 나쁘지 않아 보였습니다. 왜 살아야 하는지 몰랐습니다. 삶에 대한 의욕을 잃자 자포자기하고 싶어졌고 삶에 어떤 소망도 찾을 수 없었습니다.

그때 저는 한 가지 기도를 하게 되었습니다. 하나님이 계시다고 믿어서 한 것도 아니고, 그냥 하나님이 계셔서 들으면 좋고 안

들어도 손해 볼 것은 없었기에 자기 전에 기도했습니다. "하나님 저를 한번 만나 주세요. 저는 하나님이 계시는데 없다고 부정하고 싶은 마음은 없습니다. 제 눈에는 하나님이 보이지도 않고 음성이 들리지도 않는데 어떻게 믿겠습니까. 그러니 만약에 하나님께서 계신다면 저를 만나 주세요." 이것이 제가 한 단순한 기도였습니다.

그러다가 남편이 사우디에서 돌아와서 함께 미국으로 유학을 갔습니다. 그때부터 남편을 따라 자연스럽게 주일날 교회를 나가기 시작했습니다. 유학생들이 대부분인 전형적인 대학 도시의 한인 교회였으며 성경 공부 시간에도 참석했습니다. 그런데 머리로는 다 이해하겠는데 하나도 믿어지지 않는다는 것이 문제였습니다. 저는 직접 만져보지 않고는 절대 받아들이지 않고, 경험하지 않고는 믿지 못하는 사람이었습니다. 머리로는 다 알지만 아무것도 믿어지지 않았습니다. 믿고 싶었지만 믿을 수가 없었습니다.

그러던 어느 주일날 다른 교회 저녁 예배에 참석하게 되었습니다. 미국의 오순절 교회였는데, 그 교회는 방언도 하고 아픈 사람을 위해 안수 기도도 해주는 그런 교회였습니다. 예배가 끝날 때쯤이면 늘 이런 초청을 했습니다. "성령님을 받고 싶은 사람은 앞으로 나오세요. 또 아픈 사람은 나오세요." 이런 초청을 항상 했습니다. 그 당시 제 남편은 기도 받기를 참 좋아하는 사람이었습니다. 그때까지 방언을 하지 못했기 때문에 초청만 하면 계속 앞으로 나가는 것이었습니다.

제 눈에는 그 교회가 너무 이상해 보였습니다. 목사님이 사람들을 위해 기도를 해주면 대부분의 사람이 뒤로 쓰러졌습니다. 저는 제 눈을 의심했습니다. 그리고 뒤에 앉아서 이런 생각을 했습니다. '내가 아무래도 이상한 교회에 온 것 같다. 이런 일은 있을 수가 없고, 저들은 짜고 하는 게 분명하다. 내가 무슨 사이비 종교에 온 것 같다.' 제가 뒤에 앉아서 이런 생각을 하고 있는데 남편이 기도 받으러 같이 나가자고 했습니다. 제가 "아, 됐어요."라고 거절했더니 남편이 하는 말이 "그렇게 소극적으로 하면 되는 일이 없다."고 말했습니다.

저는 소극적이라는 말이 듣기 싫어서 같이 나갔습니다. 목사님이 우리 두 사람에게 손을 얹고 기도를 시작하자 제게 이상한 일이 벌어졌습니다. 마치 물이 차오르듯 발목부터 차츰 뭔가 위로 차오르는 것을 느꼈습니다. 그것이 허벅지까지 차올랐을 때 저는 제 몸을 지탱할 수 없어 쓰러졌더니 누군가 받아 줬습니다. 바닥에 누워서도 물이 차오르듯 계속 올라오고 있었습니다. 그렇게 누워 있으면서도 머리로는 이런 생각을 했습니다. '도대체 무슨 일이 일어난 걸까?' 아무리 생각해도 무슨 일이 일어난 건지 이해할 수 없었습니다. 그러다가 저는 '아, 내가 최면에 걸렸나 보다.' 하고 생각하는데 그것이 풀리기 시작했습니다. 그런 경험을 했지만 그것은 제게 하나의 신비한 경험으로만 끝났을 뿐이었습니다.

  남편은 제가 성령을 체험했다고 좋아했는데, 저는 무언가 신기한 것을 경험한 것은 분명한데 성령을 체험한 것이라고는 생각하지 않았습니다. 그리고 며칠 후 다시 교회에 갔습니다. 이번에는 젊은 학생들의 모임이었습니다. 예배가 끝나자 또 성령을 받지 못한 사람은 나오라고 초청했습니다. 저희 부부와 여덟 명 정도의 사람들이 나왔고 동그랗게 둘러섰습니다. 중간 중간에 리더들이 서서 함께 기도했습니다. 이번에는 누군가 기도해 주는 것이 아니라 각자 손을 들고 찬양하기 시작했습니다. 그런데 별안간에 다시 지난번과 똑같은 것이 배에서부터 시작되었습니다. 점점 더 올라오더니 가슴이 너무 벅찼습니다. 그러면서 아무도 이야기해 주지 않았음에도 '아, 이것이 성령의 역사구나.'라는 것을 알게 됐습니다.

  마치 누가복음 24장에서 엠마오로 가던 제자들의 영적인 눈이 열려 예수님을 알아봤듯이 저도 성령의 역사를 알게 됐습니다. 가슴이 너무 벅차고 너무 기뻤는데 세상에서는 그런 기쁨을 경험한 적이 없었습니다. 그런 경험을 하고 집으로 돌아오는 길에 저는 정말 새 하늘과 새 땅을 보는 것 같았습니다. 하나님이 정말 살아 계시다는 것, 그리고 제가 말씀을 따라 예수님을 영접했음에도 삶에서 변한 것이 하나도 없다고 생각했는데, 제 안에 성령님이 사신다는 것, 이런 진리가 믿어지니까 이 세상을 다 얻은 것 같았습니다. 그날 밤 집에 가서 혼자 무릎 꿇고 기도하다가 입에서 방언이 쏟아져 나왔습니다. 이렇게 저는 성령을 받고 방언으로 기도하게 되었습니다. 그 후 저는 매일 방언으로 한 시간씩 기도하기 시작했습니다.

그 당시에 영적 지도자들을 관찰해 보니까 탁월한 사역을 하시는 분들은 공통으로 방언기도를 많이 하고 있는 것을 저는 알게 됐습니다. 그들은 한결같이 방언기도를 많이 하라고 권면했습니다. 저는 그 당시에 풀타임으로 일을 할 때인데, 일을 마치고 집에 돌아오면 앉아서 한 시간씩 시간을 채우며 기도했습니다. 그러면서 제 삶에 놀라운 일이 일어났습니다.

성령을 받기 전에는 예수님을 영접하고 거듭났지만 성경을 읽을 수 없었습니다. 성경을 읽기는 했지만 많이 읽을 수가 없었고, 또 읽어도 재미가 없었습니다. 그런데 성령을 받고 방언을 한 이후에 성경은 제게 너무나 달콤해졌습니다. 하루에 9시간씩 일하면서도 집에 갈 시간만 기다리고 있었습니다. 빨리 집에 가서 성경을 읽고 싶었기 때문입니다. 시간만 나면 성경을 읽어서 불과 한 열흘 만에 성경을 다 읽었습니다. 너무나 놀라운 것은 또 상당히 많은 성경 구절을 기억하고 있었다는 것입니다.

방언으로 기도하면서 하나님의 말씀에 대한 계시가 점점 증가했고, 주님은 제게 살아계신 분이 되었습니다. 제가 궁금하거나 알고 싶은 것이 있으면 항상 말씀하시는 성령님이 저와 동행하고 계십니다. 매일 저를 교정해 주시고 저를 발전시켜 주십니다. 그분과 동행하는 삶은 정말 전진하고 발전하는 삶입니다. 제 삶에 성령님의 역사가 없는 것은 상상할 수도 없습니다. 정말 성령님과 동행하는 삶 가운데 놀라운 일들이 일어납니다.

제 3 과

그리스도인은 어떻게 사는가

성령을 받으십시오

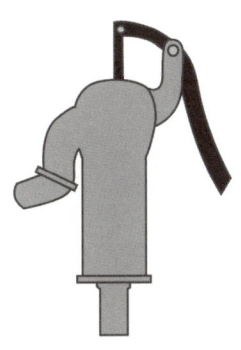

① 구원받았나요?
② 어떻게 구원받았나요?
③ '예수 믿는 것은' 무엇일까요?
 (요 1:12)
④ 어떻게 예수님을 영접할 수 있나요?
 (롬 10:10)
⑤ 무엇을 마음으로 믿어야 할까요?
 (롬 10:9)

 한 사람의 영혼을 바라보며 하나님께서 가장 원하는 것은 그 영혼이 구원받는 것입니다. 구원받은 사람은 모두 성령을 받기 원하십니다. 성령을 받지 않으면 거듭난 사람답게 살 수 있는 능력이 없기 때문입니다. 물론 성령을 받지 않아도 구원받으면 천국에 갈 수 있습니다. 그러나 이 땅에서 하나님과 함께하는 삶을 살기는 어렵습니다.

누가복음 24장에는 엠마오로 가는 제자들의 이야기가 있습니다. 예수님께서 그들이 기대하던 대로 왕이 되신 것이 아니라 십자가에서 저주받고 죽으시자 두 제자는 낙심하여 예루살렘을 떠나 엠마오라는 곳으로 가고 있었습니다. 부활하신 예수님께서 나타나 그들과 동행하였으나 그들은 함께 가는 사람이 부활하신 예수님인 것을 알아보지 못했습니다. 그러나 그들이 함께 묵을 집에 들어가서 음식을 먹기 전에 예수님께서 빵을 들고 감사기도를 드리신 후, 떼어서 그들에게 나누어 주시자 그제야 그들의 눈이 열려 예수님을 알아보게 되었습니다. 함께 걸으면서도 그가 예수님인지 알지 못하다가 어떻게 예수님인지 알게 되었을까요? 예수님께서 빵을 들고 기도하실 때 성령이 그들의 눈을 열어 주었기 때문입니다. 성령은 우리의 영적 눈을 뜨게 하며, 새로운 계시를 받게 해 줍니다.

예수님은 "내가 온 것은 양에게 생명을 얻되 더 풍성히 얻게 하려함이라"(요 10:10)고 말씀하셨습니다. 하나님이 나를 위해 미리 준비해 놓으신 그런 풍성한 삶을 사는 것은 성령의 도우심을 필요로 합니다. 예수님께서는 승천하시기 전에 제자들에게 말씀하셨습니다. "볼지어다 내가 내 아버지께서 약속하신 것을 너희에게 보내리니 너희는 위로부터 능력으로 입혀질 때까지 이 성에 머물라 하시니라"(눅 24:49). 예수님께서 왜 아버지께서 약속한 것을 받기 전에 예루살렘을 떠나지 말라고 하셨을까요? 여기서 약속하신 것은 아버지께서 보내실 성령이었습니다. 성령이 함께하시지 않고는 능력 있는 삶을 살 수 없으며 능력 있는 증인도 될 수 없습니다. 그것을 잘 아시기 때문에 예수님께서 예루살렘을 떠나지 말고 성령을 받으라고 말씀하셨습니다. 성령을 받게 되면 놀라운 일들이 일어납니다.

사도행전 1장 8절은 "성령이 임하시면 우리가 권능power을 받게 될 것"이라고 말합니다. 성령은 우리에게 능력을 주십니다. 우리가 보통 사람이 아닌 하나님의 자녀로 살 수 있도록 하는 능력이 바로 성령으로 말미암아 옵니다. 그들은 예루살렘을 떠나지 않고 마가의 다락방에서 성령이 오실 때를 기다려 마침내 성령을 받았습니다.

> 그들이 다 성령의 충만함을 받고 성령이 말하게 하심을 따라 다른 언어들로 말하기를 시작하니라 (행 2:4)

성령이 처음으로 그들 위에 내리셨을 때 그들은 모두 성령을 가득 받고 성령이 주시는 말을 발설함으로써 모두 자기의 모국어가 아닌 다른 방언으로 말했습니다. 성령이 임하시면 권능을 받으므로 예루살렘과 온 유대와 사마리아와 땅 끝까지 이르러 그리스도의 증인이 될 것이라고 했습니다(행 1:8). 증인은 증거가 있는 사람들입니다. 다른 말로 하면 성령을 받게 되면 부활하신 예수 그리스도를 증명할 많은 증거를 갖게 된다는 말입니다.

> 명절 끝날 곧 큰 날에 예수께서 서서 외쳐 이르시되 누구든지 목마르거든 내게로 와서 마시라 나를 믿는 자는 성경에 이름과 같이 그 배에서 생수의 강이 흘러나오리라 하시니 이는 그를 믿는 자들이 받을 성령을 가리켜 말씀하신 것이라 (예수께서 아직 영광을 받지 않으셨으므로 성령이 아직 그들에게 계시지 아니하시더라) (요 7:37-39)

믿는 자들이 성령을 받으면 생수의 강이 그들의 배에서 끊임없이 흘러나온다고 말하고 있습니다. 성령을 받고 생수의 강이 늘 흘러넘치는 사람은 다시는 목마르지 않는다고 말했습니다. 구원의 우물이 거듭난 사람의 영에 생겼기 때문입니다(사 12:3). 예수님께서는 제자들에게도 너희를 고아와 같이 버려두지 않고 자신을 대신해서 똑같은 영이신 성령을 보내실 것을 약속하셨습니다(요 14:18). 약속대로 예수님은 죽으시고 부활하신 후에 하늘나라로 올라가시고 우리에게 성령을 보내주셨습니다. 성령을 받은 사람은 고아와 같이 문제를 가지고 혼자 고민할 필요가 없습니다. 성령님이 우리와 늘 함께하시면서 우리를 진리 가운데로 인도하시고, 가르쳐 주시고 말씀하시며, 말씀에 대한 계시를 주시고, 주님의 길로 인도하시기 때문입니다.

그러므로 모든 사람에게 가장 중요한 것은 구원받는 것이고, 구원받은 사람은 복음을 정확히 알고 자신의 구원을 확신하는 믿음을 가져야 합니다. 복음 제시와 영접 기도에 대한 간단한 훈련은 모든 그리스도인에게 필수적인 기술입니다. 구원받은 사람에게는 성령을 받고 방언으로 기도할 수 있도록 가르쳐 주고 인도해 주어야 합니다.

성령으로 기도하십시오

방언을 말하는 자는
자기의 덕을 세우고
예언하는 자는
교회의 덕을 세우나니
(고전 14:4)

마가복음 16장 17절에서 예수님은 믿는 사람에게는 새 방언을 말하는 표적이 따른다고 하셨습니다. 방언을 말하는 것은 다른 조건이 필요하지 않습니다. 믿는 자는 누구나 방언을 말할 수 있습니다. 예수를 구원자와 주님으로 영접하여 거듭난 우리는 예수 그리스도를 믿는 자입니다. 그러므로 우리는 모두 방언을 말할 수 있습니다. 방언은 하나님께서 믿는 자에게 주신 기도 언어입니다. 방언으로 기도할 때, 머리는 이해할 수 없지만 내 영은 성령으로 말미암아 하나님께 비밀을 말합니다. 우리 안에 있는 성령님의 도우심으로 말미암아 내 영이 하나님과 비밀의 언어로 교통하는 것이 방언기도입니다.

그래서 사도 바울은 나는 너희가 다 방언을 말하기를 원한다고 말했습니다. 사도 바울은 누구보다도 방언을 많이 말했고, 누구보다도 계시를 많이 받은 사람입니다.

> 방언을 말하는 자는 사람에게 하지 아니하고 하나님께 하나니 이는 알아듣는 자가 없고 영으로 비밀을 말함이라 (고전 14:2)

> 내가 너희 모든 사람보다 방언을 더 말하므로 하나님께 감사하노라 (고전 14:18)

어떤 일을 접해서 어떻게 할지 모를 때 방언으로 기도한다면, 성령님의 도우심을 따라 우리는 어떻게 해야 할지 알게 될 것입니다. 그러므로 방언기도는 하나님이 우리 삶에 주신 놀라운 선물입니다. 예수 믿는 사람은 누구나 원하기만 한다면 이 선물을 받을 수 있습니다.

> 방언을 말하는 자는 자기의 덕을 세우고 예언하는 자는 교회의 덕을 세우나니 (고전 14:4)

> 사랑하는 자들아 너희는 너희의 지극히 거룩한 믿음 위에 자신을 세우며 성령으로 기도하며 (유 1:20)

자기 덕을 세운다는 말은 자기 자신을 스스로 세워간다는 말입니다. 벽돌을 쌓아 올려 건축물을 세우는 것이나 가정을 세운다는 의미와 같은 말입니다. 휴대폰을 충전하듯 우리가 방언으로 기도할 때 우리 자신의 영이 충전됩니다. 우리가 충전되면 나가서 담대하게 일할 수 있는 준비가 됩니다. 또한 방언기도는 우리를 믿음 위에 세워줍니다. 방언과 성령으로 기도함으로 말미암아 거룩한 믿음에 우리 자신을 세우는 것이 방언기도할 때 일어납니다.

> 보혜사 곧 아버지께서 내 이름으로 보내실 성령 그가 너희에게 모든 것을 가르치고 내가 너희에게 말한 모든 것을 생각나게 하리라 (요 14:26)

"내가 너희를 고아같이 버려두지 아니하고 다시 올 것이다"(요 14:18). 여기서 예수님이 다시 오신다는 말은 마지막 날에 재림하신다는 것이 아니라 성령님을 보내주시겠다는 말씀입니다. 이것은 예수님께서 하늘나라로 가시기 전에 하신 약속이었습니다. 성령님은 우리를 진리 가운데로 인도하십니다. 우리를 더 큰 진리 가운데로 인도하실 뿐만 아니라 우리에게 일어날 일도 미리 알려주십니다. 성령님은 우리에게 모든 것을 가르쳐 주시는 분입니다. 예수님이 말씀하신 모든 것을 기억나게 하시는 분입니다. 이것이 바로 우리가 성령을 받고 성령님과 교제할 때 누릴 수 있는 유익입니다.

> 그러나 진리의 성령이 오시면 그가 너희를 모든 진리 가운데로 인도하시리니 그가 스스로 말하지 않고 오직 들은 것을 말하며 장래 일을 너희에게 알리시리라 (요 16:13)

성령님과 동행할 때 세상에 어떤 것도 두렵지 않습니다. 그분과 동행하면 어떤 상황도 이기며 다스릴 수 있기 때문입니다. 고아는 부모가 없기 때문에 모든 것을 스스로 결정하고 미래를 준비하고 걱정해야 합니다. 그러나 예수님은 우리를 고아와 같이 버려두지 아니하시고 성령을 보낼 것이라고 말했습니다.

성령님은 정말 부드러운 신사이십니다. 성령님은 환영하는 곳에 나타나십니다. 어떤 교회는 성령님의 역사가 많이 나타날 수 있고 어떤 교회는 아주 적게 나타날 수 있습니다. 성령님의 역사가 많이 나타나는 교회는 성령님에 대해서 알고 환영하고 기대하기 때문에 성령님께서 제한받지 않고 많이 나타나실 수 있습니다. 성령님이 잘 나타날 수 없는 교회는 성령님이 개입하기 어렵게 예배의 형식이나 모든 것이 성령님께 양보 되지 않고 우선권을 드리지 않습니다. 개인의 삶도 마찬가지입니다. 어떤 사람의 삶에 주님이 더 많이 나타날 수도 있고 덜 나타날 수도 있습니다.

그분은 우리를 도와주시는 분Helper입니다. 우리 삶의 어떤 상황에서든지 우리를 도와주실 수 있는 지혜와 능력과 사랑이 있는 분이 바로 성령님이십니다. 그리스도인은 말씀과 성령을 동등하게 잘 받아들일 때 승리하는 삶을 살 수 있습니다. 어떤 그리스도인들은 하나님의 말씀은 중요하다고 하면서 성령 안에서 기도하는 것은 소홀히 합니다. 그런 사람들은 하나님을 머리로는 많이 알고 있다고 생각하지만 실제 삶 가운데 하나님의 능력을 많이 경험하지는 못합니다. 성령님이 역사하시도록 인정하고 환영하지 않기 때문입니다. 반대로 어떤 사람은 기도는 많이 하지만 하나님의 말씀이 약한 경우가 있습니다. 그런 사람들은 기도 시간도 많고 영적 세계를 보기도 하지만 실제적인 삶에는 구체적인 좋은 열매가 별로 없는 경우가 많습니다.

우리에게는 말씀과 성령의 역사가 함께 필요합니다. 하나님의 말씀이 우리 앞길을 비춰주고 어디로 갈지 알게 해주며, 성령의 역사는 가고자 하는 곳에 이르도록 도와줍니다. 하나님은 우리가 모두 성령을 받고 방언으로 기도하면서 승리하는 삶을 살기를 원하십니다.

> 나는 여러분에게서 이 한 가지만을 알고 싶습니다. 여러분은 율법을 행하는 행위로 성령을 받았습니까? 그렇지 않으면, 믿음의 소식을 들어서 성령을 받았습니까? (갈 3:2, 새번역)

> 하나님께서 여러분에게 성령을 주시고 여러분 가운데서 기적을 행하시는 것은 여러분이 율법을 행하기 때문입니까, 아니면 믿음의 소식을 듣기 때문입니까? 그렇지 않으면, 여러분이 복음을 듣고 믿어서 그렇게 하신 것입니까? (갈 3:5, 새번역)

거듭난 성도에게 성령을 받고 방언으로 기도하도록 도와주는 것은 아주 간단하고 쉬운 일입니다. 구원받은 성도인 것이 확인되었으면, 성령을 받고 방언으로 기도하는 것에 대해서 배운 적이 없는 경우 간단한 가르침이 필요합니다. 복음을 들은 사람이 마음으로 믿고 입으로 시인하여 구원을 받도록 하는 영접 기도처럼, 영접 기도를 해서 구원받은 성도는 즉시 성령을 받도록 기도해야 합니다. 그리스도인은 누구나 성령을 받고 방언으로 말할 수 있다는 것을 가르쳐 주고 영접 기도 때와 마찬가지로 믿음으로 기도하도록 하면 됩니다.

> 너희가 악할지라도 좋은 것을 자식에게 줄 줄 알거든 하물며 너희 하늘 아버지께서 구하는 자에게 성령을 주시지 않겠느냐 하시니라 (눅 11:13)

우리가 악한 부모일지라도 자녀에게 좋은 것을 주는데 하물며 하나님 아버지께서 구하는 자에게 성령을 주시지 않겠느냐고 말씀하셨습니다. 다시 말하면 누구든지 성령을 원하면 주신다는 말씀입니다. 누구든지 성령을 초청하면 받을 수 있습니다. 성령이 우리에게 오실 때 어떤 사람은 감각적으로나 감정적으로 어떤 경험을 할 수도 있고, 어떤 사람은 아무 느낌도 없을 수도 있습니다. 그러나 성령님은 반드시 오십니다. 하나님은 약속을 반드시 지키시는 성실하신 분이십니다. 그러므로 우리는 성령을 구하는 기도를 한 후에는 방언으로 기도하도록 해야 합니다.

성령을 받게 되면 믿는 자는 방언을 말하게 되어 있습니다. 그런데 많은 성도들은 방언은 신앙생활을 오래 하고 기도를 많이 하는 사람이나 받는 것으로 생각합니다. 사도행전에 보면, 구원 받는 사람들은 즉시 성령을 받게 됩니다. 바울은 너희가 믿을 때에 성령을 받았느냐고 물어봤습니다(행 19:2). 성령을 받고 방언을 말하는 것이 순서입니다.

> 그들이 다 성령의 충만함을 받고 성령이 말하게 하심을 따라 다른 언어들로 말하기를 시작하니라 (행 2:4)

그들이 다 성령의 충만함을 받았고 성령의 말하게 하심을 따라 각자 다른 방언으로 말하기 시작했습니다. 방언으로 말하기를 시작한 것이 누구입니까? 말하기를 시작하는 것은 성령이 아닙니다. 말하기를 시작한 것은 그들입니다. 다시 말하면 방언을 말할 때 말하는 것은 우리입니다. 어떤 말이 나올지는 성령이 인도하시지만 입을 열고 말을 시작하는 것은 바로 우리의 일입니다. 그래서 입을 꾹 다물고 방언이 나올 때를 기다리고 있으면 안 됩니다. 우리가 말하기 시작할 때 성령께서 인도하십니다.

  누구나 거듭나게 되면 영접한 바로 그 자리에서 성령을 받도록 기도하면 매우 좋습니다. 방언은 특별한 사람만이 하는 것이 아닙니다. 저도 일찍 방언을 하고 방언의 유익을 많이 본 사람이지만 한때는 모든 사람이 방언을 하는 것은 아닌 줄 알았습니다. 목회하면서 대부분의 방언을 원하는 사람들이 방언을 말하고 있었지만 100%는 아니었습니다.

저는 1997년 가을, 미국에 있는 레마 성경 훈련소[12]에 공부하러 갔습니다. 케네스 해긴[13] 목사님이 영적 은사에 대해서 가르치고 있었습니다. 강의실에 약 1,000명 정도의 학생들이 앉아 있었는데, 아직까지 방언을 하지 못하는 사람은 나오라고 했습니다. 레마 성경 훈련소는 은사주의 계통이기 때문에 대부분 방언을 말하는 사람들이 옵니다. 1,000명 중에서 9명이 나왔습니다. 케네스 해긴 목사님이 그들에게 친절하게 설명했습니다. "입을 다물고 방언이 나올 때까지 기다리지 마십시오. 방언은 당신이 하는 것입니다. 믿음으로 입을 열기 시작하면 성령께서 말을 인도하실 것입니다." 그렇게 하고 나서 9명 모두 방언을 말하게 됐습니다. 1,000명 중 1,000명이 말했다면 모든 사람이 다 방언을 말할 수 있는 것입니다. 이후로 저는 방언에 대해서 성경대로 모든 믿는 자는 거듭난 이후에 바로 말할 수 있다는 것을 믿게 되었습니다.

교회 개척 초창기에는 사람들이 방언 받을 사람이 있으면 목사님이나 제게 데려오곤 했습니다. 그러나 이제는 성도들이 영접시킨 사람을 바로 그 자리에서 방언을 하도록 도와줍니다. 저희 교회는 예배 시작할 때 방언을 단체적으로 한 10분 정도

---

[12] Rhema Bible Training College, 케네스 해긴이 세운 미국 오클라호마 주 브로큰 애로우 소재 학교
[13] Kenneth E. Hagin, 미국 레마 성경 훈련소 설립, 믿음을 가르친 교사

하고 시작합니다. 성도들은 모두 말씀 안에서 놀랍게 변하기 시작합니다. 삶에 간증이 넘치고 신앙생활 오래 한 사람이나 처음 거듭난 성도나 이 복음을 믿을 때 똑같은 풍성한 간증들이 있는 것을 봅니다.

말씀과 성령 안에서 우리는 아름답게 성장할 수 있습니다. 성령을 한 번도 받지 않은 사람은 오늘 성령을 받게 될 것입니다. 이것은 하나님이 약속하신 것입니다. 방언을 안 하던 사람은 방언을 받게 될 것입니다. 그리고 벌써 성령을 받고 방언기도를 하고 있던 사람은 새로운 재충전을 받게 될 것입니다. 성령 충만함은 지속적으로 받아야 하는 것입니다.

성령을 받는 기도

"하나님 아버지, 아버지의 말씀은 구하는 사람에게 성령을 선물로 주신다고 약속하셨습니다. 지금 저에게 성령을 주십시오. 이제 저는 성령님을 환영하며 제 안으로 모셔 들이므로 성령님과 나의 거듭난 영이 하나가 되도록 하겠습니다. 저를 성령으로 충만하게 하여 주십시오. 지금 나는 믿음으로 성령님을 받아들입니다.

저는 이제 성령으로 충만하게 되었습니다. 그러므로 저는 사도행전 2장 4절 말씀을 따라서 믿음으로 입을 열고 성령님이 주시는 말들을 내 입으로 말함으로써 방언을 말하기 시작하겠습니다. 예수님 나를 성령으로 충만하게 해 주셔서 감사합니다. 아멘!"

당신이 성령님을 모셔 들였기 때문에 이미 그분은 당신의 영에 오셨습니다. 성령을 받았으므로 이제 믿음으로 입을 열고 말하십시오. 성령께서 내가 발설할 것을 내 입에 채워 주실 것입니다.

진리의 말씀으로 생각을 바꾸십시오

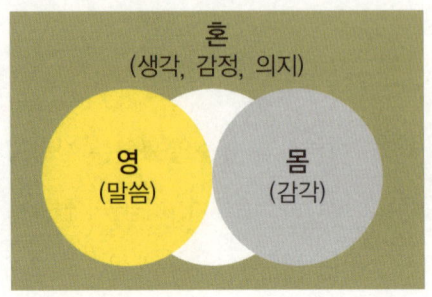

사람은 자신의 엄마를 어떻게 알아봅니까? 태아는 귀가 생기자마자 어떤 소리를 먼저 들었습니까? 엄마의 배 속에서 귀가 생겨 들을 수 있을 때 엄마의 목소리를 듣고, 엄마의 심장 소리를 들었을 것입니다. 사람은 엄마의 배 속에 열 달간 품었다 나오기 때문에 태어난 후에도 엄마와 가장 친숙할 것입니다.

병아리가 어미를 아는 방법은 조금 다르다고 합니다. 알 속에 있던 병아리가 부화하며 알을 깨고 나와서 수많은 닭을 보게 되는 상황에서 어떻게 어미를 알 수 있겠습니까? 과학자들이 부화한 병아리가 어미 닭을 인지하는 상황을 연구해 보니까 병아리는 생후 24시간 동안 제일 먼저 본 닭을 어미로 인식한다고 합니다. 태어나서 첫 하루 동안 보고 듣는 모든 정보가 다 자랄 때까지 지속되는 각인현상이 일어납니다. 작은 병아리들이 암탉을 조랑조랑 따라가는 것을 보셨을 것입니다. 만약 갓 부화한 병아리를 오리한테 가져다 둔다면 이 병아리는 오리를 어미로 여길 것입니다. 병아리에게는 세상에 태어나 처음 보고 듣는 24시간이 제일 중요한 결정적 시기입니다.

그리스도인도 마찬가지입니다. 믿지 않던 사람이 예수 믿고 거듭나면 제일 먼저 기본적이고 중요한 것을 가르쳐 주어야 합니다. 예수 그리스도를 구주로 영접하고 성령을 받고 방언을 말하게 한 후, 반드시 하나님의 말씀을 가르쳐야 합니다. 지금까지 우리는 거듭난 사람에게 꼭 필요한 중요한 말씀을 나누고 있습니다. 이 책이 가르치는 기본적이고 중요한 말씀을 잘 배우며 실천한다면 누구나 성숙한 성도로 성장할 수 있습니다. 거듭난 후에도 정확한 복음이 아닌 하나님의 말씀을 섞어서 듣게 되면 혼란이 오고 겉모습은 따라 하지만 실제로 자신의 삶에서는 승리하지 못합니다.

그림을 보면 영과 혼과 몸이 동그라미로 그려져 있습니다. 구원받지 못한 사람의 영적 상태를 생명과 빛이 없는 상태로 까맣게 표현하였습니다. 구원받지 못한 사람은 영적으로 죽어 있는 사람이며 혼과 몸 밖에 기능하지 않습니다. 이런 사람이 구원받아 거듭나게 되면 그의 영은 하나님의 생명을 받게 됩니다. 이제 거듭난 사람의 영에는 하나님의 말씀을 심어줘야 합니다. 예수 그리스도가 누구인지, 거듭나는 것이 무엇인지, 그리스도인이란 어떤 존재인지를 공부해야 합니다.

아기는 태어나자마자 엄마가 사랑스러운 눈빛으로 말하고 쓰다듬어 주고 젖을 먹이는 사랑의 표현으로 자신이 사랑받는 존재임을 경험합니다. 거듭난 그리스도인도 자신이 하나님께 얼마나 귀하고 사랑받는 존재인지 알도록 가르쳐 주는 것이 중요합니다. 거듭난 나는 누구이며, 무엇을 가지고 있고, 무엇을 할 수 있는지를 가르쳐 주어야 합니다. 지금까지 배운 내용 중에는 나쁜 소식이 하나도 없습니다. 다 기쁜 소식입니다. 나는 얼마나 귀한 존재인지, 하나님이 나에게 얼마나 큰 능력을 주셨는지, 나는 앞으로 얼마나 복된 삶을 살 수 있는지를 배웠습니다.

하나님의 말씀을 배우면서 이 복음과 새로운 피조물의 계시에 동의했지만, 실제로 살고 있는 삶은 그렇게 간단하게 해결되지 않는다고 생각할 수도 있습니다. 그건 너무나 당연한 일입니다. 인생을 살아가는 것이 그렇게 간단하지 않고 성경도 쉽고 가볍게 읽는 책이 아닙니다. 승리하는 그리스도인의 삶을 살기 위해 우리는 성경 말씀을 공부하며 말씀을 통해서 우리의 생각을 바꿔야 합니다. 처음부터 그리스도인으로 태어나는 사람은 아무도 없습니다. 예수 믿는 부모의 가정에 태어났어도 부모님이 하나님의 말씀만을 가르치지 않는 이상 누구나 세상의 것들을 배우게 됩니다. 성인이 되어서 예수를 믿게 된다면, 영은 거듭났지만 생각을 성경 말씀대로 바꾸는 것은 본인 스스로 해야 합니다.

거듭남으로 영적으로 죽은 자에서 산 자가 되었지만, 영 안에는 하나님의 말씀이 들어가 있지 않습니다. 거듭났지만 사고방식이나 생각은 변하지 않았고 세상의 불신자와 다르지 않습니다. 거듭나는 순간 갑자기 담배 맛이 없어지겠습니까? 옛날 친구들과 같이 어울려 술에 취하는 것이 갑자기 싫어지겠습니까? 거듭난 우리는 이제부터 하나님의 생각으로 이전의 모든 생각을 바꿔야 합니다.

영적인 생활을 잘하기 원한다면 드라마나 뉴스와 같은 부정적인 정보에 노출되지 않도록 특별히 주의해야 합니다. 성경의 진리를 확증하는 데 도움이 되지 않는 수많은 책 중에서 좋은 책들만 가려서 읽어야 합니다. 무엇보다 가장 해로운 것은 영상 자료들입니다. 영적인 세계에서는 하나님께서 우리에게 꿈이나 환상으로 좋은 생각을 알려 주십니다. 성경을 통하여 하나님의 말씀을 읽는 것 외에 영적인 세계에 대한 계시와 메시지를 성령님은 환상과 꿈과 소원의 그림으로 보여주시기를 좋아하십니다.

하나님은 사도 요한에게 수많은 환상과 음성으로 앞으로 일어날 일을 보여주고 기록하도록 하셨습니다. 사도 요한이 받은 이 계시들을 기록한 것이 신약성경의 마지막 책인 요한계시록입니다. 영화나 드라마같이 직접 눈으로 보고 귀로 듣는 영상과 메시지는 우리 영으로 직접 들어갈 수 있습니다. 하나님의 말씀과 반대되는 사람의 메시지를 전하려는 작가가 만든 영화, 드라마, 음악, 편파적인 뉴스를 보는 것은 자신의 영으로 세상의 거짓말과 죄로 가득한 쓰레기를 직접 받아들이는 것과 같습니다.

예수를 믿고 거듭난 사람의 혼에는 그가 읽은 모든 책과 그가 본 모든 영화와 그가 배운 모든 것이 고정관념과 사상이 되어 존재하고 있을 것입니다. 이런 사람이 어떻게 예수님처럼 생각하고 말하고 사랑할 수 있는 사람으로 변할 수 있겠습니까? 하나님이 우리에게 주신 방법은 바로 성경 말씀으로 말씀과 다른 자기 생각을 바꾸는 것입니다. 즉 마음을 새롭게 함으로써 변화를 일으키는 것입니다.

> 너희는 이 세대를 본받지 말고 오직 마음을 새롭게 함으로 변화를 받아 하나님의 선하시고 기뻐하시고 온전하신 뜻이 무엇인지 분별하도록 하라 (롬 12:2)

이 세대를 본받지 않기 위해서는 먼저 TV 보는 시간이나 스마트폰을 통해서 세상의 수많은 여과되지 않은 정보를 받아들이는 시간을 절대적으로 줄여야 합니다. 성경적이지 않은 감춰진 메시지를 전하는 수많은 영화나 영상물을 멀리해야 합니다. 이 세대를 본받지 말라고 했으므로 자신의 의지로 적극적으로 거절해야 합니다.

아무리 맛있는 음식이라도 몸에 좋지 않은 것을 알면 다른 좋은 음식을 먹기로 선택함으로써 불량식품으로부터 자신의 몸을 보호할 수 있습니다. 내 입은 좋아하지만 몸에 좋은 음식이 아니라는 것을 알기 때문에 내 의지로 거절할 수 있습니다. 몸은 오감을 통한 경험을 근거로 감각 지식을 형성합니다. 나의 감각은 그것을 좋아하지만 나의 생각은 그것을 거절할 수 있습니다.

혼은 생각과 감정과 의지로 되어 있습니다. 생각을 통해서 내게 유익한 것과 해로운 것을 구별할 수 있습니다. 내가 알고 있는 것은 내 의지로 바른 것을 선택하고 바른 행동을 할 수 있습니다. 나의 주도적인 행동으로 우리는 자신의 환경도 다스리고 변화시킬 수 있습니다.

예를 들면 아침에 일찍 일어나는 습관도 마찬가지입니다. 저녁 늦게까지 텔레비전을 보고 싶어도 저녁에 일찍 자면 아침에 일찍 일어날 수 있습니다. 아침 일찍 일어나서 말씀을 보고 기도하려면 자신이 그런 삶을 살기로 선택해야 합니다. 아침에 그런 시간을 갖지 못하면 하루 종일 말씀을 읽거나 기도할 시간을 놓쳐버리고 맙니다. 말씀에 우선권을 두고 꾸준히 노력하지 않으면 오래된 생각들은 바꿀 수가 없습니다.

이 세대를 본받지 말라고 했으므로 먼저 하나님의 말씀 이외의 오염의 근원들을 거절해야 합니다. 이어서 마음을 새롭게 하라고 했으므로 생각을 바꿔야 합니다. 바이러스가 오염된 프로그램을 삭제하고 정품 프로그램인 하나님의 말씀으로 새롭게 바꾸는 작업이 필요합니다. 지금 자신이 사는 삶보다 더 좋은 미래를 원한다면 방법은 하나밖에 없습니다. 지금 자기 생각을 바꿔야 합니다.

내 생각이 바뀌면 다른 선택을 할 수 있고 다른 선택을 하면 다른 미래를 기대할 수 있습니다.

생각과 행동은 똑같이 하면서 다른 더 좋은 결과를 기대하는 것은 망상일 뿐입니다. 현재 나의 삶은 과거 내 생각의 결과입니다. 마찬가지로 나의 미래는 지금 현재의 내 생각과 선택과 행동의 결과입니다. 생각을 바꾼 사람은 이미 변화된 사람입니다. 지금 내 생각을 바꾸면 나는 벌써 다른 사람이 되어 있는 것입니다. 부정적인 사람이 긍정적인 사람으로 생각이 바뀌었다면 그 사람은 긍정적인 미래를 그려볼 수 있습니다.

그리스도인은 살아 있는 하나님의 말씀으로 마음을 새롭게 합니다. 하나님의 말씀을 읽고 고백함으로써 우리는 자기 생각을 바꿀 수 있습니다. 다른 사람이 나에 대하여 어떻게 생각하고 평가하든지 그것을 거절하고, 하나님께서는 그리스도 안에서 나를 어떤 사람이라고 하시는지에 대한 말씀을 볼 때 '아, 나는 사랑받는 존재구나. 나는 귀한 존재구나.' 라는 바른 자아상을 가질 수 있습니다. 이렇게 마음을 새롭게 함으로써 변화를 받을 때, 하나님의 선하시고 기뻐하시고 온전한 뜻이 무엇인지 분별할 수 있습니다.

하나님이 보시기에 선하시고 기뻐하시고 온전한 삶! 우리가 살아가는 모든 삶은 이렇게 아름다운 삶이어야 마땅합니다. 결국 우리 인생은 우리 선택에 달린 것인데 하나님의 선하시고 기뻐하시고 온전한 것이 무엇인지 분별하여서 선택하라는 것입니다. 하나님의 순수한 진리의 말씀과 다른 생각을 바꾸는 만큼, 그 사람은 하나님의 선하시고 기뻐하시고 온전한 뜻을 선택할 수 있는 능력이 증가합니다. 생각이 바뀐 만큼 그는 더 지혜로운 선택을 하게 될 것입니다. 그는 더 지혜로운 선택을 하므로 그의 미래는 현재보다 더 좋을 것입니다.

여기에 사용된 변화라는 단어는 애벌레가 나비가 되는 것과 같은 변화를 말합니다. 한 차원 높은 단계로 변화를 일으킨다는 것입니다. 조금 변화된 것이 아니라 완전히 새롭게 변화되는 것입니다. 거듭난 우리는 죄인이 아니라 의인이 되었습니다(고후 5:21). 마귀의 자식이 아니라 하나님의 자녀가 되었습니다. 어둠의 나라에 살지 않고 빛 가운데 살게 되었습니다. 세상에 살지만 세상에 속한 자가 아니라 하나님의 왕국에 속한 자가 되었습니다 (요 17:16, 히 12:22).

내가 그런 존재라는 것을 알고 그렇게 생각하고 행동하는 새로운 사람으로 살아갑니다. 하나님의 자녀답게 생각하고 사랑합니다. 하나님의 말씀은 진리이기 때문에 무엇보다도 하나님의 말씀을 하나님의 자리에 두고 최고의 권위를 인정하며 성경을 읽어야 합니다. 매일 받은 말씀에 순종하여 자신의 삶에 적용하기 위해서는 그 말씀을 마음으로 믿고 자신의 입으로 고백하는 것이 말씀을 자신의 영에 심는 최고의 방법입니다. 하나님의 말씀으로 마음이 새롭게 되면, 어떤 문제 앞에 선택을 해야 할 때 이것을 할 것인가 저것을 할 것인가 갈등하지 않습니다.

이렇게 말씀으로만 생각하는 사고방식을 훈련하게 되면 어느 것이 좋은 것인지 바로 알게 됩니다. 그런 사람은 항상 하나님의 온전한 뜻을 선택할 수 있습니다. 모든 그리스도인은 그리스도와 똑같이 장성한 분량에 이를 때까지 자신의 마음을 진리의 말씀으로 새롭게 할 책임이 있습니다. 말씀을 읽고, 듣고, 공부하고, 말씀대로 행하기를 지속하는 사람만이 반석 위에 집을 지은 사람처럼 실제로 삶의 어려운 도전들을 능히 이기며 다스리는 삶을 살 수 있습니다.

> 복 있는 사람은 악인들의 꾀를 따르지 아니하며 죄인들의 길에 서지 아니하며 오만한 자들의 자리에 앉지 아니하고 오직 여호와의 율법을 즐거워하여 그의 율법을 주야로 묵상하는도다 (시 1:1-2)

시편 1편 1-2절은 하지 말라는 말이 세 번 나옵니다. 첫째는 악인의 꾀를 따르지 말라고 했습니다. 거듭나지 않은 이 세상의 모든 사람은 하나님 앞에서 악인입니다. 악한 사람들의 사고방식과 삶의 방식을 따라가지 말라는 말입니다. 둘째는 죄인의 길에 서지 말라고 하였습니다. 죄인의 길은 세상 사람과 같은 방법을 사용하지 말라는 것입니다. 셋째는 오만한 자의 자리에 앉지 말라고 했습니다. 오만한 자는 하나님이 없다고 말하는 자를 말합니다. 자리에 앉는다는 말은 만나지도 말고 상대하지도 말라는 것이 아니라, 그런 사람들과 교제하며 가까운 관계를 갖지 말라는 말입니다. 세상을 본받지 않기 위해서는 이 세 가지를 거절하고 조심하라고 말씀합니다.

그리고 한 가지를 하라고 했습니다. 오직 여호와의 율법을 즐거워하며 그 율법을 주야로 묵상하라고 했습니다. 여기서 여호와의 율법은 좁게는 모세 오경, 넓은 의미로는 구약성경 전체를 가리키는 말입니다. 그러나 그리스도인들인 우리에게는 율법이 아니라 은혜와 진리의 말씀인 복음을 가리킵니다.

- **생명의 말씀** (행 5:20, 빌 2:16)
- **은혜의 말씀** (행 20:32, 행 14:3)
- **믿음의 말씀** (롬 10:8, 딤전 4:6)

그리스도인에게 가장 중요한 복음의 핵심은 그리스도 안에서 내가 누구인지를 말하는 말씀입니다. 그리스도인은 어떤 권세를 가지고 있는지, 어떤 능력을 가지고 있는지, 무엇을 할 수 있는지에 관한 말씀입니다. 그뿐 아니라 그리스도인은 무엇을 위하여 살아야 하는지에 대한 말씀입니다. 이런 말씀은 듣는 사람에게 성령의 역사로 말미암아 생명과 은혜와 믿음을 줍니다. 왜 그럴까요? 이 말씀은 복음이기 때문입니다. 여호와의 율법을 즐거워

한다고 했으므로, 복음을 들을 때 기뻐하고 믿음이 생기고 담대해지는 것은 너무나 자연스러운 반응입니다.

모세는 죽고 이제 젊은 여호수아가 이스라엘 민족을 이끌고 가나안 땅을 차지하기 위해 전쟁을 해야 할 상황이 되었습니다. 광야에서 불기둥과 구름기둥을 따라 다닌 사십 년은 쉬운 일이었습니다. 그러나 젖과 꿀이 흐르는 가나안 땅은 다른 종족들이 이미 살고 있었습니다. 그 땅은 전쟁을 통해 빼앗아야지만 차지할 수 있는 곳이었습니다.

가나안 땅 앞에 이른 여호수아에게 하나님은 한 가지를 당부했습니다. 어떻게 이 중요한 전쟁에서 승리할 수 있겠습니까? 여호수아가 싸우러 나갈 때마다 승리할 수 있는 한 가지 비결은 여호수아 1장 8절 말씀이었습니다.

> 이 율법 책을 네 입에서 떠나지 말게 하며 주야로 그것을 묵상하여 그 안에 기록된 대로 다 지켜 행하라 그리하면 네 길이 평탄하게 될 것이며 네가 형통하리라 (수 1:8)

이 율법 책을 네 입에서 떠나게 하지 말라고 했습니다. 말씀을 눈으로 읽을 뿐만 아니라 기도할 때 말하고 늘 입으로 고백하고 선포하는 것을 말합니다. 뿐만 아니라 밤낮으로 묵상하라고 했습니다. 개역개정판 성경에서 "묵상하다"라고 번역한 말을 쉬운말 성경에서는 "읊조리며 깊이 생각하다"로 번역했습니다. 조용히 생각하는 것이 아니라 반복해서 중얼거리고 말하고 선포하고 시인한다는 말입니다. 즉 혼자 있을 때도 일상생활을 하면서도 늘 그렇게 말하는 것입니다.

성경의 좋은 약속의 말씀들을 내 입으로 주야로 읊조리는 것입니다. 이것을 위해서 우리가 꼭 해야 하는 가장 중요한 것들만 뽑은 것이 바로 '새로운 피조물 고백기도집'[14]입니다. 이 책의 핵심 내용은 그리스도 안에서 나는 누구이며, 무엇을 가지고 있으며, 무엇을 할 수 있는지를 정리했으며, 매일 고백하고 선포하면 좋을 아주 중요한 말씀들을 날마다 우리의 입으로 고백할 수 있도록 만든 책입니다.

이스라엘 백성을 인도하여 가나안 땅을 점령할 전쟁을 책임진 여호수아에게 하나님은 이 율법 책을 입에서 떠나지 않게 하라는 말과 함께 강하고 담대하라고 하셨습니다. 강하고 담대하려면 어떻게 해야 할까요? 하나님이 우리에게 약속하신 위대한 약속의 말씀들을 계속 고백할 때 믿음이 생기고 담대함이 생깁니다. 믿음과 담대함을 가지고 말씀대로 말할 뿐만 아니라 말씀대로 행동하는 것이 승리와 형통의 비결입니다.

"그리하면 네 길이 평탄하게 될 것이고 네가 형통하게 될 것이라" 형통한 삶을 원하는 사람이라면 반드시 따라야 하는 매우

---

14) 최순애, 「새로운 피조물 고백기도집」, 믿음의 말씀사, 2014

중요한 말씀입니다. 매일 아침 하나님과 약속한 시간에, 나와 나의 사정을 나보다 더 잘 아시는 하나님께서 말씀을 통해 나에게 필요한 지혜를 주실 것을 기대하고 성경을 읽고 기도하십시오. 하나님은 성경을 통해서 매일 말씀하십니다. 여호수아 1장 8절의 말씀을 영어성경15)으로 보면 그렇게 고백하고 묵상함으로 말미암아 네 길을 형통하게 할 것이며 네 길을 평탄하게 만들 것이라고 되어 있습니다. "네가 이 말씀을 입에서 떠나지 않게 하고, 네가 밤낮으로 고백하고 그렇게 할 때 네가 가는 길이 형통할 것이다. 그렇게 하면 네가 하는 일이 형통하게 될 것이다." 하나님의 약속입니다. 우리가 할 일은 이 말씀을 입에서 떠나지 않게 하는 것입니다. 이 말씀을 주야로 선포하고 고백하는 것입니다. 자신이 바라보는 미래를 향하여 그렇게 하는 것입니다. 자신이 꿈꾸는 사업의 성과를 날마다 선포하는 것입니다. 부모는 자녀들을 그렇게 축복하는 것입니다. 믿지 않는 가족도 좋은 그리스도인이 될 것이라고 바라보고 선포하는 것입니다. 그러면 네 길이 평탄하게 될 것이며 네가 형통하리라고 말했습니다. 남이 해주는 것이 아닙니다.

"네가 네 길을 형통하게 만들 것이다. 네 길이 형통하게 될 것

---

15) (KJV) for then thou shalt make thy way prosperous, and then thou shalt have good success.

이다." 내가 내 입으로 말하고 선포하며 중얼거리며 하나님의 진리의 말씀을 주야로 묵상하기 때문에, 말씀으로 씨앗을 뿌리기 때문에 뿌린 대로 거두게 된다는 것입니다. 그러므로 말씀 고백은 그리스도인이 평생 해야 하는 것입니다. 농부가 철 따라 씨앗을 심고 열매를 거두고, 시냇가에 심겨진 나무가 시절을 좇아 열매를 맺듯이, 우리는 자신의 미래를 위해 현재 말씀의 씨앗을 믿음으로 심고 거두는 사람입니다.

> 우리의 싸우는 무기는 육신에 속한 것이 아니요 오직 어떤 견고한 진도 무너뜨리는 하나님의 능력이라 모든 이론을 무너뜨리며 하나님 아는 것을 대적하여 높아진 것을 다 무너뜨리고 모든 생각을 사로잡아 그리스도에게 복종하게 하니 (고후 10:4-5)

이론은 체계적으로 조직화된 생각과 주장입니다. 진리는 하나뿐이지만 이론은 많습니다. 성경은 하나인데 성경을 해석하는 사람들이 자신들의 관점에서 성경을 해석하기 때문에 수많은 교파와 교리가 생겼습니다. 사람의 생각은 각 사람의 경험만큼이나 각양각색입니다. 사람은 자신의 감각을 통해 받아들인 경험에 근거해서 자기의 생각을 형성합니다. 말씀을 듣고도, 말씀대로 안 될 경우에는 '어? 말씀대로 해도 안 되네!' 하면서 말씀보다는 자신의 경험을 더 신뢰하기 시작합니다. 이런 것들로부터 나온 인간의 모든 이론이나 생각은 대부분 진리가 아닙니다.

생각과 이론보다 더 견고한 진도 있습니다. 견고한 진이라는 것은 어떤 부정적인 생각이 반복됨으로 말미암아 형성된 견고한 성과 같은 고정 관념으로서 쉽게 무너지지 않는 것입니다. 가령 어떤 사람이 선천적으로 몸이 연약해서 오랫동안 고통받으며 살았다고 합시다. 이런 사람은 치유에 대한 말씀을 들어도 '나는 원래 몸이 약하기 때문에 항상 병에 걸려'라고 생각하는 견고한 진을 가질 수 있습니다. 오랫동안 반복된 경험으로 말미암아 이런 부정적인 견고한 생각의 진이 만들어집니다.

이런 견고한 진들은 오직 하나님의 말씀으로만 제거할 수 있습니다. 하나님 말씀을 묵상할 때 우리는 이런 부정적인 생각을 쫓아낼 수 있습니다. 부정적인 생각이 떠오를 때 우리는 하나님의 말씀을 가지고 거절할 수 있습니다.

말씀으로 상황을 바꾸고 자신의 인생을 창조하십시오

믿음으로 모든 세계가 하나님의 말씀으로 지어진 줄을 우리가 아나니 보이는 것은 나타난 것으로 말미암아 된 것이 아니니라 (히 11:3)

히브리서 11장에는 구약성경에 기록된 믿음으로 산 사람들의 이야기를 소개하고 있습니다. "믿음은 바라는 것들의 실상"이라고 1절에서 믿음을 정의한 다음에 믿음으로 산 사람들을 한 사람씩 소개하고 있습니다. 3절은 "믿음으로 모든 세계가 하나님의 말씀으로 지어진 줄을 우리가 아나니 보이는 것은 나타난 것으로 말미암아 된 것이 아니니라"고 하였습니다.

여기서 모든 세계란, 말씀으로 창조하신 '세계cosmos'를 말하는 것이 아니라 히브리서 11장에서 언급하고 있는 사람들이 믿음으로 산 '세계aion'[16]를 말한 것입니다. 그들은 자기 인생을 하나

---

[16] 그리스어로 "aion"은 영어로 "age"로 번역하는데, period of time를 의미함

님의 말씀으로 지었다는 것입니다. 각 사람이 하나님의 말씀을 믿음으로써 그러한 삶을 살았다는 말입니다. 우리도 하나님의 말씀을 가지고 믿음으로 자신이 살 세계를 창조하는 것, 즉 자신의 삶을 살 수 있다는 말입니다. 하나님은 각 사람의 심령에 선한 소원을 주십니다. 사람들은 누구나 자신이 원하는 삶을 마음으로 상상하고 꿈꿀 수 있습니다. 그러나 이런 꿈을 이루기 위해서는 믿음으로 자신의 삶을 창조하는 것을 배워야 합니다.

창세기 1장에는 하나님이 말씀하시니 그 말씀대로 세상cosmos이 창조되었다고 기록되어 있습니다. 하나님의 생각이 말로 선포되었을 때 성령님은 이미 하나님이 말씀하시기를 기다리고 있었습니다. 하나님이 말씀하시자 말씀하신 그대로 세상의 모든 피조물들이 창조되었습니다. 하나님이 이렇게 세상을 창조하신 것처럼 하나님의 형상을 따라 지음 받은 사람도 똑같은 원리를 따라 자신의 삶을 만들어 갈 수 있습니다. 사람은 하나님과 같이 영적인 존재입니다. 거듭난 하나님의 자녀인 그리스도인들은 하나님이 성경에 약속하신 새 언약의 말씀을 선포할 때 말하는 대로 이루어지는 삶을 살 수 있습니다.

> 내가 진실로 너희에게 이르노니 누구든지 이 산더러 들리어 바다에 던져지라 하며 그 말하는 것이 이루어질 줄 믿고 마음에 의심하지 아니하면 그대로 되리라 (막 11:23)

인생을 살면서 앞에 닥치는 산과 같은 어떤 문제든지 우리는 말로 선포함으로써 그 문제를 해결할 수 있습니다. 그 말하는 것이 이루어질 줄 믿고 마음에 의심하지 않으면 그대로 된다고 했습니다. 하나님께 기도하라고 하지 않으시고 '네가 말하라'고 했습니다. 물론 하나님께서 기도하라고 한 것은 기도해야 합니다. 영적인 세계의 원리는 하나님이 우리에게 주신 것을 영의 눈으로 먼저 보고, 마음으로 믿고, 입으로 말함으로써 성취하도록 되어 있습니다.

　주님은 치유를 위해 기도하라고 하지 않고 가서 병든 자를 고치라고 제자들에게 명령하셨습니다. 산을 향하여 말하라고 하셨습니다. 문제를 향하여 말하라고 하셨습니다. 그러나 많은 사람들은 자신들이 문제를 향하여 말하지 않고, 문제에 관하여 하나님께 말하면서 기도했으니 하나님께서 해결해 주실 것으로 생각합니다. 그러나 하나님께서 우리가 하라고 하신 것을 하나님께서 인색하여서 허락하지 않은 것처럼 애원하는 일은 처음부터 약속의 말씀을 모르기 때문에 행하는 종교적 행위일 뿐입니다.

　구원받는 것도 마찬가지입니다. 마음으로 믿고 입으로 시인하여 구원받는 것입니다. 먼저 마음으로 믿어야 하고 반드시 입으로 시인해야 되는 것입니다. 성경에 분명히 마음으로 믿고 입으로 시인하여 구원에 이른다고 말씀하셨습니다. 그러므로 우리는 하나님의 말씀을 선포함으로 말미암아 환경을 바꾸고 자신의 인생을 바꿀 수 있습니다. 얼마나 대단한 권세와 능력의 말씀입니까!

우리 인생을 우리가 원하는 대로 하나님 앞에서 하나님의 말씀을 따라 하나님이 원하는 최고의 삶을 살 수가 있습니다.

> 이로써 네 믿음의 교제가 우리 가운데 있는 선을 알게 하고 그리스도께 이르도록 역사하느니라 (몬 1:6)
>
> That the communication of thy faith may become effectual by the acknowledging of every good thing which is in you in Christ Jesus. (KJV)

믿음의 교제는 내가 가지고 있는 믿음을 시인하고 말로 표현하는 것을 말합니다. 다시 말해서 우리 가운데 있는 선한 것을 알고, 내가 어떤 존재인지, 나에게 얼마나 좋은 것이 있는지를 말로 시인하고 선포하는 것입니다. 이런 것을 발견해서 시인해 주고 함께 좋은 것들을 인정해 주고 동의하는 것을 "믿음의 교제"[17]라고 하였습니다. 스스로 그렇게 할 수도 있고 하나님 앞에서도 그렇게 하며 감사하며 고백하고 찬양할 수 있고, 성도들이 함께 할 수도 있습니다. 이렇게 서로 나누고 말하고 선포하고 교통할 때 효과적이 되어 그리스도에게까지 자랄 수 있습니다.

---

17) 여기서 "교제"라고 번역된 그리스어 "koinonia"의 다른 뜻: fellowship, association, community, communion, joint participation, intercourse, intimacy, a collection

독사의 자식들아 너희는 악하니 어떻게 선한 말을 할 수 있느냐 이는 마음에 가득한 것을 입으로 말함이라 선한 사람은 그 쌓은 선에서 선한 것을 내고 악한 사람은 그 쌓은 악에서 악한 것을 내느니라 (마 12:34-35)

위에서 부르신 부름의 상을 위해 달려가십시오

너희 안에서 착한 일을 시작하신 이가 그리스도 예수의 날까지 이루실 줄을 우리는 확신하노라 (빌 1:6)

각 사람은 하나님께서 세상에 태어나게 하신 목적이 있습니다. 우리를 이 나라에 이 시대에 태어나게 하셨습니다. 하나님은 우리를 목적을 가지고 만드셨지만 강제로 우리로 하여금 그렇게 살도록 하지는 않으십니다. 그리스도인의 거듭난 영에게 하나님은 직접 말씀하십니다. 하나님은 그 사람을 통하여 하나님께서 그를 구원하셔서 이 세상에 보내신 목적을 발견하고 이루고자 하는 마음을 불러일으키십니다. '너희 안에서 착한 일을 시작하신 이'가 바로 하나님이십니다. 우리 안에서 하나님이 원하시는 선한 일을 하고자 하는 그런 소망이 생기도록 하십니다.

너희 안에서 행하시는 이는 하나님이시니 자기의 기쁘신 뜻을 위하여 너희에게 소원을 두고 행하게 하시나니 (빌 2:13)

일평생 꼭 이루고자 하는 것을 우리는 소원이라고 합니다. 사실

소원이라고 하지만 더 쉽게 표현하면 '하고 싶은 마음' 혹은 '긍정적 욕망positive desire'[18]이라고도 할 수 있습니다. 누구나 자라면서 '나는 저런 사람이 되고 싶다. 나도 저렇게 살고 싶다.' 라는 생각을 하듯이, 그리스도인은 거듭나면 반드시 주님이 원하시는 삶에 대한 소원을 가지게 됩니다. 거듭난 그리스도인 안에서 행하시는 이가 하나님이기 때문입니다. 하나님은 자기의 기쁘신 뜻을 위하여 나에게 소원을 주시는 분이라고 말하고 있습니다.

하나님을 알고 주님을 사랑하면 사랑할수록 더 하나님이 기뻐하는 좋은 소원을 주실 것입니다. 그 소원을 따라 살면 우리는 하나님이 나를 창조하실 때 가지셨던 최고의 삶, 어떤 후회도 없는 삶을 살 수 있습니다. 주님께서 부르실 때 내가 따르는 결단을 해야 하기 때문에 하나님의 부르심과 내게 주신 소망을 나타내므로 "부르심의 소망"이라고 합니다. 부르심의 소망을 찾을 때 사명이 분명해집니다. 사명이 분명해지면 선택이 쉬워집니다. 이 사명을 이루는 데 도움이 되는 것은 선택하고, 도움이 안 되는 것은 거절하면 되기 때문입니다. 인생의 선택 기준이 생겼기 때문입니다. 이 세상에는 사람들이 부러워하는 삶을 사는 사람들이 있지만 우리를 은혜로 부르신 분이 있기에 그분이 예비하신 최선의 삶을 바라보며 살 수 있는 것은 하나님의 자녀들의 특권입니다.

---

[18] T. L. 오스본, 「긍정적 욕망의 힘」, 믿음의 말씀사, 2014

푯대를 향하여 그리스도 예수 안에서 하나님이 위에서 부르신 부름의 상을 위하여 달려가노라 (빌 3:14)

바울은 바라보고 달려갈 푯대를 발견한 사람이었습니다. 자기에게 하나님이 주신 사명을 이루며 산 사람입니다. 자신을 구원하신 하나님의 목적을 발견한 사람입니다. 하나님께서 우리를 이 시대에 이 나라에 태어나게 하셨고, 복음을 듣고서 구원받게 하셨습니다. 작게는 가정과 섬기는 교회에서부터 크게는 이 나라와 이 세대를 섬기는 일에 자신을 어떻게 사용하기 원하시는지 하나님의 부르심을 찾아야 합니다. 바울은 이것을 "그리스도 예수 안에서 하나님이 위에서 부르신 부름의 상"이라고 했습니다.

하나님의 부르심의 소망은 그 사람에게 진정한 만족과 기쁨을 줍니다. 하나님은 부르심의 소망을 이룰 수 있는 능력도 주십니다. 하나님께서 주신 사명이므로 이룰 수 있는 능력을 주시는 것은 당연한 일입니다. 뿐만 아니라 빌립보서 1장 6절 첫 번째 말씀처럼 우리가 이 부르심의 소망을 발견한 순간부터 다 이룰 때까지 하나님께서 함께하실 것을 확신할 수 있습니다.

내게 능력 주시는 자 안에서 내가 모든 것을 할 수 있느니라 (빌 4:13)

나의 하나님이 그리스도 예수 안에서 영광 가운데 그 풍성한 대로 너희 모든 쓸 것을 채우시리라 (빌 4:19)

마지막으로 4장 19절은 사도 바울이 빌립보 교회를 축복하는 말입니다. 빌립보 교회는 사도 바울이 유럽의 첫 항구인 마케도니아 지역에 가서 처음으로 개척한 교회였습니다. 이 교회는 사도 바울이 교회를 떠난 후에도 그를 계속 재정적으로 후원해 주었던 유일한 교회였습니다. 바울 팀이 유럽에 처음 개척한 교회가 유럽 선교를 후원하는 동역자가 되었습니다. 하나님께서 이 빌립보 교회를 영광 가운데 그 풍성한 대로 넘치도록 해 주시도록 바울은 성령의 감동으로 축복하고 있습니다.

그 후에 바울은 네로 황제 때 결국 로마에서 순교하였습니다. 바울과 같이 복음을 전하도록 선교지로 나간 사람이 있고, 복음 전하는 사람을 재정적으로 후원했던 이런 교회도 있었습니다. 자기가 무엇을 해야 할지는 하나님께서 각 사람을 불렀기 때문에 빌립보서 말씀처럼 스스로 자신의 부르심을 찾아야 합니다. 하나님 앞에서 자신의 부르심의 소망을 찾아서 살아가는 삶보다 보람되고 아름다운 삶은 없습니다.

그리스도인이라면 모두 이 부르심의 소망을 발견하여 이루는 삶을 사모해야 마땅합니다.[19] 이것이 우리를 택하여 거룩하게

---

19) 오스 기니스, 「소명The Call」, IVP, 2006T. D. 제이크스, 「운명 Destiny」, 믿음의 말씀사, 2017제가 읽은 책 중에서 이 방면의 최고의 역작은 "소명"입니다. 문사철에 대한 배경이 얕은 사람들에게는 최근에 나온 읽기 쉬운 책 "운명"을 추천합니다.

하시고 사명을 주신 하나님의 구원의 목적이기 때문입니다. 하나님이 각 사람의 마음의 소원을 통해서 사람을 쓰시는 방법은 다양합니다. 중요한 것은 모든 그리스도인은 이 부르심의 소망을 발견할 수 있다는 것입니다. 천국에 가면 주님께서 각 사람에게 물으실 것입니다. "너는 내가 시킨 일을 하고 왔니?" 주님이 시킨 일이 바로 우리 각 사람의 부르심의 소망입니다.

주님이 우리를 만드시고 예수님의 피로 값을 주고 우리 생명과 인생을 사셨습니다. 우리 인생은 우리 것이 아닙니다. 우리의 건강도 우리의 재능도 모든 것이 다 우리의 부르심의 소망을 이루는데 사용하라고 주신 것입니다. 바울은 "내게 능력 주시는 자 안에서 모든 것을 할 수 있다"고 말했습니다.

하나님이 시킨 일을 하고 있기 때문에, 사람은 물론 하나님 앞에서도 담대할 수 있습니다. 하나님이 기뻐하는 일을 하고 있기 때문에 행복합니다. 다른 사람이 할 수 있는 일이 아닙니다. 내가 할 수 있는 일입니다. 나만 할 수 있는 일입니다. 바로 나라는 사람이 받은 사명이 독특하기 때문입니다. 우리는 우리가 보내심을 받은 나라의 왕과 제사장입니다. 하나님의 왕국에서 왕의 파송을 받고 이 세상에서 하나님이 보내신 일을 하는 그리스도의 대사입니다. 내가 영향력을 미치는 세계에 왕 노릇 하는 것입니다.

우리가 구원받기 전에 누군가 나를 품고 기도하고 복음을 전해 주었듯이, 우리에게는 주님께서 부탁한 잃어버린 영혼들이 있습니다. 전도와 선교의 사명을 효과적으로 이루기 위해서 하나님은 이 땅에 교회를 세우셨습니다. 각 사람은 자신이 속한 지역교회를 섬기기 위해서 해야 할 일이 있습니다. 하나님은 성령을 통하여 각 사람에게 마음의 소원을 주심으로 이 일을 인도해 나가십니다. 예수 믿지 않는 사람들은 세상에서는 하나님이 주시는 하늘의 기쁨을 맛보지 못합니다. 우리의 진정한 만족과 기쁨도 오직 부르심의 소망 가운데 살 때만 있습니다. 영혼을 구원하여 변화된 삶을 보는 것은 성도의 진정한 기쁨과 만족입니다. 하나님의 나라를 먼저 구하고 제자를 만드는 제자를 훈련하는 것은 주님이 우리에게 주신 명령이며 사명일 뿐만 아니라 주님은 이 일에 넘치는 기쁨을 더해 주시는 것을 바울은 빌립보 성도들에게 쓰는 편지에서 자연스럽게 표현하고 있습니다.

그러므로 우리는 한 사람을 전도했으면 반드시 그 사람이 부르심의 소망을 발견할 수 있도록 도와주어야 합니다. 이 부르심의 소망은 바로 영혼을 구원하여 예수 그리스도의 제자가 되어 다른 사람을 제자로 만들 수 있는 하나님의 나라의 일꾼으로 세우는 것입니다. 그리스도의 교회를 세우고 또 하나님의 왕국을 확장시키는데 내가 어떻게 쓰임 받을 것인지 찾는 것을 우리는 부르심의 소망이라고 합니다. 하나님의 부르심을 찾고 헌신하도록 하나님께 기도하십시오. 은혜를 받을수록, 주님께 가까이 갈수록 주님의 부르심은 더욱 분명하고 확실하게 가슴 속에 불붙게 될 것입니다.

내가 찾은 주님의 부르심

김진호 목사

제 고향 제천은 아주 시골이라서 교회는 십 리 떨어져 있는 제천읍에 있었으며, 교회를 다녀 본 사람이라고는 초등학교 때 제천읍에서 가까운 신월리라는 동네에 사는 친구가 천주교에 나가서 미제 연필을 선물 받은 것을 자랑했던 기억이 전부였습니다. 그러나 고등학교 1학년 때쯤 제가 다녔던 초등학교 근처에 왕미감리교회가 개척되었습니다. 그때 초등학교 5학년이었던 제 동생은 처음부터 주일 예배에 참석하기 시작했습니다. 저를 위해서 기도하고 권유하던 동생을 무시하고 2년쯤 지나서 고등학교 3학년 어느 가을날 동생을 따라 처음 교회에 가게 되었습니다.

저는 그때까지 늘 나를 사랑해 주시던 선생님들을 존경하여 막연하게 선생님이 되고 싶은 마음을 가지고 있었습니다. 학교에서 선생님의 사랑을 받고 칭찬과 인정을 받으니 자연스럽게 선생님들을 존경하고, 나도 언젠가는 저렇게 훌륭한 선생님이 되어야겠다는 막연한 소원을 가지고 있었던 것 같습니다. 그런데 동생 따라 처음 교회에 나가서 그 교회 전도사님을 보게 되었습니다. 무슨 말씀을 들었는지는 생각이 안 나지만 그때 전도사님이 찬송을 부르는 너무나도 평화로운 모습은 제게 깊은 인상을 남겼습니다. 그 모습이 너무 아름다웠을 뿐만 아니라 부러운 마음이 들었습니다. 그때 처음으로 이렇게 생각했습니다. '아, 나도 정말 하나님의 말씀을 가르치는 선생님이 되면 저렇게 행복할 수 있지 않을까.' 예배에 처음 참석하고 나서 예수님을 믿기도 전에 하나님의 말씀을 가르치는 목사님이 너무나 아름다워 보였고 목사가 되고 싶은 마음이 들었습니다.

그 후 십여 년이 지난 후, 삼십 대 초반에 저는 아내와 함께 미국에 유학을 가게 되었습니다. 경영학 석사과정을 공부하는 동안에 새로운 것을 찾아 갈급한 마음이 있었던 저는 자연스럽게 한 미국 교회에 나가게 되었습니다. 그 교회에서 저와 제 아내는 성령을 받고 방언을 처음 하게 되었으며, 짧은 기간이지만 영혼을 구원하고 성령을 받고 방언을 말하게 하며 함께 모여 기도하고 말씀을 나누는 작은 소그룹의 은혜를 마음껏 맛볼 수 있었습니다. 제가 먼저 믿었기 때문에 아내도 함께 은혜를 받을 수 있도록 개인적으로 결혼 후 이삼 년 기도하며 노력했었습니다. 그런데도 별로 변화가 없던 아내가 이 교회에서 성령을 받음으로써 나타난 변화는 지켜보는 저에게도 놀라움 자체였습니다. 예배에 처음 참석하고 세례를 받기까지 4년을 기다렸으며, 그 후에도 은혜는 사모했지만 방언기도도 하지 못하던 10년이 넘은 그리스도인이었던 저는 갓 거듭나서 성령을 받고 나서 놀랍게 변화된 아내의 삶을 지켜보면서 부끄러움과 동시에 새로운 깨달음도 많았습니다.

아내와 함께 은혜를 받고 유학생들을 중심으로 함께 기도하는 소그룹과 성령을 받고 방언을 말하는 모임을 통해서 많은 사람이 이름뿐인 그리스도인에서 극적인 변화를 받아 은혜를 사모하는 영혼으로 변화되는 것을 경험하게 되었습니다. 그런데 은혜를 받고 기도하고 소그룹 모임을 하면 할수록 제 안에 주님을 사모하는 마음이 더욱 자라났습니다. 그 당시 개인 컴퓨터가 막 등장했는데, 저는 경영정보학을 공부하면서 그 방면에 사업을 하면서 미국에서 정착하여 잘 살고 싶은 꿈을 꾸고 있었습니다. 그러나 그 교회에 다니며 하나님의 사랑과 말씀을 배우면서 은혜를 알게 됨으로 말미암아 제 평생 가지고 있었던 이 소원이 다시 불붙기 시작했습니다. 그때 저는 빌립보서 2장 13절 말씀을 다시 깊이 깨닫게 되었습니다.

하나님은 나를 처음 만나자마자 부르셨던 것입니다. 너희 안에서 행하시는 이는 하나님이라는 말이 제게는 충격이요 새로운 신세계를 발견하는 말씀이었습니다. 하나님께서 우리에게 강제로 시키는 것이 아니라 자기의 기쁘신 뜻을 위하여 우리에게 하고 싶은 소원을 주신다고 했습니다. 그 마음의 소원을 따라 살 것인가 말 것인가는 각자가 선택하는 것입니다. 경영대학원을 마치고 말씀을 배우고 교회를 섬기는 삶에 뛰어든 이후, 저희 부부는 주님의 온전한 뜻 가운데 살기로 결단한 것이 최고의 선택이었음을 경험하며 살고 있습니다.

  오늘도 저희 부부는 같은 부르심의 소망을 더 효과적으로 이루기 위해서 함께 동역하며 정진하는 복된 길을 걸어가며 주님께 감사와 영광을 드립니다. 달려갈 길을 다 간 후에 주님 앞에서 "잘 하였도다! 착하고 충성된 종아!"라는 칭찬을 받게 될 날을 바라봅니다. 이 부르심에 유익한 최고만을 선택하며 차선의 것들을 거절하며 하루의 삶을 계획하고 반성합니다. 뿐만 아니라 저희 부부의 섬기는 삶을 통해 영감을 받고 도전을 받는 제자들이 저희들의 어깨 위에 서서 더 멀리 보고 더 효과적으로 더 큰 주님의 일을 할 수 있도록 도와주는 좋은 멘토가 되는 꿈을 꾸고 있습니다. 이 복음을 전하여 제자를 만드는 제자들을 훈련하여 교회를 개척하는 일이야말로 이 사명을 가장 효과적으로 이루는 시대적인 하나님의 운동임을 믿고 이런 하나님의 군대가 일어서는 것을 바라봅니다.

믿음의말씀사 출판물

구입문의 : 031-8005-5483   http://faithbook.kr

■ 케네스 해긴의 「믿음 도서관」 책들
- 새로운 탄생
- 재정 분야의 순종
- 나는 지옥에 갔다 왔습니다
- 하나님의 처방약
- 더 좋은 언약
- 예수의 보배로운 피
- 하나님을 탓하지 마십시오
- 네 주장을 변론하라
- 셀 모임에서 성령인도 받기
- 안수
- 치유를 유지하는 법
- 사랑은 결코 실패하지 않습니다
- 하나님께서 내게 가르쳐 주신 형통의 계시
- 왜 능력 아래 쓰러지는가?
- 다가오는 회복
- 잊어버리는 법을 배우기
- 위대한 세 단어
- 하나님의 은사와 부르심
- 그 이름은 "놀라우신 분"
- 우리에게 속한 것을 알기
- 성령을 받는 성경적인 방법
- 하나님의 영광
- 은혜 안에서의 성장을 방해하는 다섯 가지
- 사랑 가운데 걷는 법
- 바울의 계시: 화해의 복음
- 당신은 당신이 말하는 것을 가질 수 있습니다
- 그리스도 안에서
- 말
- 방언기도의 능력을 풀어 놓으라
- 옳은 사고방식 틀린 사고방식
- 속량 – 가난, 질병, 영적 죽음에서 값 주고 되사다
- 네 염려를 주께 맡겨라
- 예언을 분별하는 일곱 단계
- 절망적인 상황을 반전시키기
- 당신의 믿음을 풀어 놓는 법
- 진짜 믿음
- 믿음이란 무엇인가
- 그리스도께서 지금 하고 계시는 일
- 충분하고도 넘치는 하나님 엘 샤다이
- 금식에 관한 상식
- 하나님의 말씀 : 모든 것을 고치는 치료제
- 가족을 섬기는 법
- 조에
- 당신이 알아야 하는 신유에 관한 일곱 가지 원리
- 여성에 관한 질문들
- 인간의 세 가지 본성
- 몸의 치유와 속죄
- 크게 성장하는 믿음
- 하나님 가족의 특권

- 기도의 기술
- 나는 환상을 믿습니다
- 병을 고치는 하나님의 말씀
- 영적 성장
- 신선한 기름부음
- 믿음이 흔들리고 패배한 것 같을 때 승리를 얻는 법
- 믿음의 선한 싸움을 싸우는 법
- 하나님의 계획과 목적과 추구
- 예수 열린 문
- 믿음의 계단
- 당신을 향한 하나님의 계획
- 역사하는 기도
- 기름부음의 이해
- 내주하시는 성령 임하시는 성령
- 재정적인 번영에 대한 성경적 열쇠들
- 어떻게 하나님의 영으로 인도받을 수 있는가?
- 마이더스 터치
- 치유의 기름부음
- 그리스도의 선물
- 방언
- 믿는 자의 권세(생애기념판)
- 믿음의 양식
- 승리하는 교회

■ E. W. 케년
- 십자가에서 보좌까지 무슨 일이 일어났는가?
- 두 가지 의
- 놀라우신 그 이름 예수
- 하나님 아버지와 그분의 가족
- 나의 신분증
- 두 가지 생명
- 새로운 종류의 사랑
- 그분의 임재 안에서
- 속량의 관점에서 본 성경
- 두 가지 지식
- 피의 언약
- 숨은 사람
- 두 가지 믿음
- 새로운 피조물의 실재

■ 스미스 위글스워스
- 스미스 위글스워스의 천국
- 스미스 위글스워스의 매일묵상
- 위글스워스는 이렇게 했다
- 스미스 위글스워스의 능력의 비밀

■ T. L. 오스본
- 행동하는 신자들
- 기적 – 하나님 사랑의 증거
- 새롭게 시작하는 기적 인생

- 좋은 인생
- 성경적인 치유
- 능력으로 역사하는 메시지
- 100개의 신유 진리
- 24 기도 원리 7 기도 우선순위
- 하나님의 큰 그림
- 긍정적 욕망의 힘
- 당신은 하나님의 최고의 작품입니다

■ 잔 오스틴
- 믿음의 말씀 고백기도집
- 하나님의 사랑의 흐름
- 견고한 진 무너뜨리기
- 초자연적인 흐름을 따르는 법
- 당신의 운명을 바꿀 수 있습니다
- 어떻게 하나님의 능력을 풀어놓을 수 있는가?

■ 크리스 오야킬로메
- 여기서 머물지 말라
- 이제 당신이 거듭났으니
- 당신의 인생을 재창조하라
- 이 마차에 함께 타라
- 그리스도 안에 있는 당신의 권리
- 성령님과 당신
- 성령님이 당신 안에서 행하실 일곱 가지
- 성령님이 당신을 위해 행하실 일곱 가지
- 기적을 받고 유지하는 법
- 하나님께서 당신을 방문하실 때
- 올바른 방식으로 기도하기
- 당신의 믿음을 역사하게 하는 법
- 끝없이 샘솟는 기쁨
- 기름과 겉옷
- 약속의 땅
- 하나님의 일곱 영
- 예언
- 시온의 문
- 하늘에서 온 치유
- 효과적으로 기도하는 법
- 어떤 질병도 없이
- 주제별 말씀의 실재
- 마음의 능력

■ 앤드류 워맥
- 당신은 이미 가졌습니다
- 은혜와 믿음의 균형 안에 사는 삶
- 하나님의 참 본성
- 하나님은 당신이 건강하기 원하십니다
- 영·혼·몸
- 전쟁은 끝났습니다
- 믿는 자의 권세
- 새로운 당신과 성령님
- 노력 없이 오는 변화
- 하나님의 충만함 안에 거하는 열쇠
- 더 좋은 기도 방법 한 가지
- 재정의 청지기 직분

- 하나님을 제한하지 마라
- 하나님의 뜻을 발견하고 따라가며 성취하라
- 하나님의 참 본성
- 하나님의 최선 안에 사는 법
- 더 큰 은혜 더 큰 은총

■ 기타 「믿음의 말씀」 설교자들
- 성령의 삶 능력의 삶
- 복을 취하는 법
- 주는 자에게 복이 되는 선물
- 믿음으로 사는 삶
- 붉은 줄의 기적
- 당신이 말한 대로 얻게 됩니다
- 예수-치유의 길 건강의 능력
- 성령 안의 내 능력
- 존 G. 레이크의 치유
- 믿음과 고백
- 임재 중심 교회
- 성령충만한 그리스도인의 지침서
- 열정과 끈기
- 제자 만들기
- 어떻게 교회를 배가하는가
- 운명
- 모든 사람을 위한 치유
- 회복된 통치권
- 그렇지 않습니다
- 당신의 자녀를 리더로 훈련하라
- 오순절 운동을 일으킨 하나님의 바람
- 주일 예배를 넘어서
- 신약교회를 찾아서
- 내가 올 때까지
- 매일의 불씨
- 여성의 건강한 자아상

■ 김진호·최순애
- 왕과 제사장
- 새로운 피조물의 실재
- 믿음의 반석
- 새 언약의 기도
- 새로운 피조물 고백기도집(한글판/한영대조판)
- 성령 인도
- 복음의 신조
- 존중하는 삶
- 성경의 세 가지 접근
- 말씀 묵상과 고백
- 그리스도의 교리
- 영혼 구원
- 새로운 피조물
- 믿음의 말씀 운동의 뿌리
- 1인 기업가 마인드
- 내 양을 치라
- 새사람을 입으라